LE HOLD-UP DES MOTS

HM

GEOFFROY DE VRIES

LE HOLD-UP DES MOTS

Redonner aux mots leur vrai sens

l'Archipel

Notre catalogue est consultable à l'adresse suivante :
www.lisez.com/larchipel/45

Éditions de l'Archipel
92, avenue de France
75013 Paris

ISBN 978-2-8098-4184-8

À ma mère et à mon père

Et à tous ceux qui recherchent la vérité
par les mots, les pensées et les actions

Avant-propos

> « *Il faut, mot pour mot, se rendre compte de ce que l'on dit et, en toute action, de ce qui en résulte ; dans ce dernier cas, voir directement à quel but notre action se rapporte ; et, dans le premier cas, veiller à ce que les mots signifient.* [...] *Confronte la pensée avec les mots qui l'expriment. Pénètre en esprit dans les effets et les causes.* »
>
> Marc Aurèle, *Pensées pour moi-même.*

« Votre problème, c'est que vous croyez qu'un père est forcément un mâle », affirmait Emmanuel Macron lors d'une réception à l'Élysée, le dimanche 26 janvier 2020, pour les trente ans de la Convention internationale des droits de l'enfant. Il répondait à un invité qui s'étonnait du paradoxe consistant à célébrer les droits de l'enfant tout en faisant discuter au Parlement, « en même temps », une loi Bioéthique prévoyant l'extension de la PMA aux couples de femmes, privant irrémédiablement l'enfant de père.

Sans s'attarder sur l'emploi du mot « mâle », Emmanuel Macron considère qu'un père n'est pas forcément un homme ; c'est donc qu'il peut être une femme.

La déconstruction du langage

Cette tendance à rejeter le réel en dénaturant le langage pour imposer de nouvelles idées n'est pas nouvelle. L'expression politique, souvent idéologique, détourne le sens des mots pour nous faire entrer dans un nouveau monde, dénoncé par George Orwell dans son célèbre roman *1984*, où tout est relatif car tout se vaut, où la vérité ne se distingue plus du mensonge, où les mots ont le sens qui leur est attribué tantôt par une loi, tantôt par une minorité, pour faire valoir ou imposer des idées. On assiste à une déconstruction du langage ou un *hold-up des mots*, pour nous influencer à penser autrement. Et cette manipulation linguistique entraîne notamment une déconstruction du droit, surtout lorsqu'il concerne les personnes, les liens entre elles (mariage, filiation), l'origine ou le terme de la vie.

Que signifie désormais le mot « père » lorsqu'il peut désigner une femme ? Le mot « animal » quand on accorde aux animaux des droits opposables aux hommes ? Le mot « égalité » quand il sert à justifier toujours plus de droits, parfois au profit de quelques-uns ? Le mot « dignité » quand il est utilisé pour faire valoir l'euthanasie ou le suicide assisté ? Le mot « république », tellement rabâché, mis à toutes les sauces, devenant le substantif des politiques en mal d'arguments ?

Si le mot « conservateur » ne renvoyait pas à la notion de « rétrograde, hostile au progrès » mais à l'idée de conservation de certaines valeurs ou habitudes, comme en matière d'éducation des enfants par exemple, le débat public n'en serait-il pas changé ? Si les dirigeants politiques osaient parler davantage de la

« France » plutôt que de la « République », n'aurions-nous pas plus de facilité à comprendre ce que nous sommes et ce qui nous unit profondément ?

George Orwell a magnifiquement décrit cette déconstruction du langage politique dans un texte publié en 1946 en Angleterre, *Politics and the English Language*. Il y explique que « penser clairement est un premier pas vers la régénération politique ». Il y dénonce l'utilisation de mots dénués de sens, les slogans qui tendent à imposer des idées fausses par la simple répétition, le jargon pseudo-scientifique qui tend à donner un air de neutralité à des arguments en réalité idéologiques, ou encore l'utilisation d'expressions toutes faites imprégnant l'esprit du public : « Elles construiront des phrases pour vous – elles penseront même à votre place, dans une certaine mesure – et au besoin elles vous rendront un grand service en dissimulant partiellement, y compris à vous-même, ce que vous voulez dire. C'est ici qu'apparaît clairement le lien qui existe entre la politique et l'avilissement de la langue. » Mais c'est dans son roman *1984*, avec le « néoparler » ou la « novlangue », que culmine cette dénonciation du détournement de la langue. Syme dit ainsi à Winston : « Ne voyez-vous pas que le véritable but de la novlangue est de restreindre les limites de la pensée ? À la fin, nous rendrons littéralement impossible le crime par la pensée car il n'y aura plus de mots pour l'exprimer. »

Dans sa *Théorie de la dictature*[1], Michel Onfray analyse la mise en pratique aujourd'hui des visions, si ce n'est des prophéties de George Orwell : « En régime

1. Robert Laffont, 2019.

orwellien, le pouvoir sur les choses passe par le pouvoir sur les mots ; or, le pouvoir sur les mots génère le pouvoir sur les choses. »

Cette aliénation du langage avait également été, à certains égards, dénoncée et combattue sous le régime communiste à la fin des années 1970 par Václav Havel, dans un essai politique, *Le Pouvoir des sans-pouvoir*, où il revendique la nécessité de « vivre dans la vérité », ou encore, un peu plus tôt, dans la pièce de théâtre *The Memorandum*. Jouée en France au début des années 1970 sous le titre *Le Rapport dont vous êtes l'objet*[1], elle parodie la bureaucratie communiste des pays de l'Est en mettant en exergue l'aliénation du langage, avec l'apparition d'une langue incompréhensible, artificiellement construite, le « ptydepe », qui sert à donner des ordres et à rédiger des mémorandums que personne ne comprend.

La parole perd alors sa fonction première, qui est d'assurer une communication, pour devenir un moyen d'aliénation ; il s'agit de réprimer tout dialogue afin d'éviter toute contestation ou opposition au régime totalitaire qui l'utilise. Au début des années 1980, en Pologne, ce sera le père Józef Tischner, aumônier du syndicat Solidarność, qui traitera de l'aliénation du langage dans *Éthique de Solidarité*[2], texte qui se présente comme un lexique. Le combat des dissidents de l'Est a d'abord été un combat contre le mensonge idéologique qui avait subverti tous les mots.

Bien avant ces dissidents, ce totalitarisme linguistique, si l'on peut dire, avait été dénoncé au XIXe siècle par l'auteur anglais d'*Alice au pays des merveilles*, Lewis Carroll, dans le roman qui en est la suite, *De l'autre*

1. L'Avant-Scène, 1972 ; Gallimard, 1992.
2. Critérion, 1983.

côté du miroir. Humpty Dumpty, représenté en œuf posé sur un mur, discute avec Alice du sens des mots : « Lorsque moi j'emploie un mot... il signifie exactement ce qu'il me plaît qu'il signifie... ni plus ni moins. » Réponse qui ne peut évidemment satisfaire Alice : « La question est de savoir si vous avez le pouvoir de faire que les mots signifient autre chose que ce qu'ils veulent dire. » Et le crâne d'œuf de riposter : « La question est de savoir qui est le maître... un point, c'est tout. »

En somme, celui qui a le pouvoir, ce n'est pas celui qui dit les mots, mais celui qui dit ce que les mots veulent dire. C'est par le langage que l'on maîtrise les idées, et donc les hommes.

À nouveau, cette subversion des mots se manifeste dans la plupart des pays occidentaux et, en particulier, en France.

Une des causes de la crise du politique

« Le déclin du courage est peut-être le trait le plus saillant de l'Ouest aujourd'hui pour un observateur extérieur. [...] Bien sûr, il y a encore beaucoup de personnes courageuses, mais elles n'ont pas d'influence réelle sur la vie publique. Les fonctionnaires politiques et intellectuels manifestent ce déclin, cette faiblesse, cette irrésolution dans leurs actes, leurs discours et plus encore, dans les considérations théoriques qu'ils fournissent complaisamment pour prouver que cette manière d'agir, qui fonde la politique d'un État sur la lâcheté et la servilité, est pragmatique, rationnelle et justifiée, à quelque hauteur intellectuelle et même morale qu'on se place. [...] Faut-il rappeler que le déclin du courage a toujours été considéré comme le signe avant-coureur de la fin[1] ? »

C'est par ces mots qu'Alexandre Soljenitsyne, le 8 juin 1978, commence son discours devant la nouvelle promotion de l'université de Harvard. Face aux étudiants les plus méritants du monde libre, l'écrivain russe, prix Nobel de littérature en 1970, installé aux États-Unis après avoir connu le goulag, la terreur et l'exil, surprend, choque, bouscule son auditoire : plutôt que de s'insurger, en pleine guerre froide, contre le régime soviétique et le communisme, il révèle une vérité à un monde occidental en pleine décadence, décrivant le déclin du courage des dirigeants politiques, l'état dépressif d'une société à la recherche perpétuelle du bien-être, des plaisirs et des droits individuels au détriment de la défense du bien commun, mais aussi la médiocrité spirituelle, le matérialisme et le déclin de la pensée moderne.

C'était il y a plus de quarante ans… Cette crise de la civilisation occidentale semble aujourd'hui à son apogée. Elle est à la fois politique, économique et sociale. Elle est surtout culturelle et anthropologique, pour ne pas dire spirituelle. Ses causes sont multiples et diverses. Il existe cependant une cause première : le rejet de la vérité.

Ce rejet, ou cette « crise de la vérité », apparaît en premier lieu dans le langage, qui est détourné. Les mots sont pervertis.

Il faut bien admettre que l'action ou le carriérisme politique ne se soucient que trop peu de la cohérence des idées et du sens des mots. George Orwell nous avait

1. *Le Déclin du courage : discours de Harvard 1978*, Seuil, 1978 ; Les Belles Lettres, 2014.

prévenus en affirmant que « le langage politique est destiné à rendre vraisemblables les mensonges, respectables les meurtres, et à donner l'apparence de la solidité à ce qui n'est que vent ». Le manque de lucidité – si ce n'est de courage – de nombre de dirigeants politiques est flagrant, mais aussi de journalistes et intellectuels qui, à travers l'utilisation critique voire mensongère des mots, préfèrent nier la réalité et, en particulier, les risques et dangers de notre société, plutôt que de devoir les affronter. Que ce soit avec le projet de loi renforçant les principes républicains, en refusant l'emploi des mots « séparatisme » ou « islamisme » ; le projet de loi Bioéthique, en niant la disparition du père ou l'autorisation des chimères animal-homme ; la gestion de l'épidémie sanitaire de la Covid-19, avec le discours faussement rassurant des ministres, les mots employés ont parfois pour objet de nous détourner de la réalité… Et c'est sans compter l'écriture inclusive, utilisée par des organismes publics, des partis politiques, des médias, des universités et même des entreprises. Sans compter non plus sur la suppression des chiffres romains dans des musées ou du passé simple dans des manuels scolaires, signe de l'état de notre société qui préfère supprimer ce qu'elle ne parvient plus à enseigner.

Le sens des mots et son évolution indéniable

Face à la confusion savamment entretenue par ceux qui ont intérêt à ne pas débattre des sujets de fond et du sens des mots, il importe d'être bien conscient des enjeux inhérents à l'utilisation politique de la sémantique.

« Car le mot, qu'on le sache, est un être vivant. / La main du songeur vibre et tremble en l'écrivant », affirmait Victor Hugo dans *Les Contemplations*. Pour le poète Frédéric Mistral, un peuple qui tient sa langue tient la clé qui le délivrera de ses chaînes. Avant lui, Confucius avait prévenu que lorsque les mots perdent leur sens, les individus perdent leur liberté.

Le mot n'est pas neutre et contient en lui nombre de significations et de connotations. Et celles-ci sont l'objet d'appropriations idéologiques plus ou moins conscientes. Il est essentiel, en toutes circonstances, de choisir le mot approprié, et de s'assurer qu'il sera bien compris par son destinataire. Malgré l'inévitable arbitraire de ses mots, le langage est une convention indispensable, et nul ne saurait se départir de sa rigueur et de sa précision, *a fortiori* dans le domaine juridique.

Cette exigence est sans cesse rappelée par les instances officielles. Le *Guide de légistique* publié par Légifrance a vocation à présenter les « règles, principes et méthodes qui doivent être observés dans la préparation des textes normatifs » ; dans sa partie dédiée au choix des termes et des locutions juridiques, ce guide précise que « les termes utilisés doivent être appropriés et exacts techniquement et juridiquement ».

Aux termes de l'article 2 de la Constitution, la langue de la République est le français. D'après ses statuts (ayant valeur de lois et règlements), l'Académie française est assimilée aux cours supérieures, comme instance suprême en matière de langue. Dans leur déclaration du 21 mars 2002 sur la « féminisation des noms de métiers, fonctions, grades et titres », les Immortels établissent clairement que le gouvernement n'a nul droit « de modifier de sa seule autorité le vocabulaire et la grammaire du français ». La langue ne se décrète pas, et elle ne saurait faire l'objet des velléités réformatrices du pouvoir. L'omnipotence du législateur a toujours été limitée par certaines règles fondamentales. Au XVIIIe siècle, le juriste suisse Jean Louis de Lolme disait ainsi du Parlement britannique qu'il pouvait « tout faire sauf changer un homme en femme ».

Dans le domaine des idées, l'importance du choix du vocabulaire est indéniable ; l'emploi d'un terme positif ou négatif pour évoquer une idée est essentiel pour la légitimer ou, au contraire, la rejeter. L'acception positive et l'utilisation méliorative du terme de « mariage pour tous » n'était pas pour rien dans le soutien des politiques, des médias, voire d'une majorité des Français à l'union entre personnes de même sexe. Et les termes « PMA pour tous » ou « gestation pour autrui » procèdent également par leur simplisme à une manipulation des consciences. George Orwell évoquait déjà dans *1984* les « mots fabriqués sur mesure à des fins politiques », le vocabulaire imaginé « pour fabriquer l'attitude mentale souhaitable à leur utilisateur »… On assiste ainsi à une déconstruction du langage qui dénature à jamais le sens des mots et entraîne, en particulier, une déconstruction du droit telle que le droit à la vie, le droit à la mort, le droit de la famille et le droit au mariage.

Comme le souligne le professeur Michel Schooyans : « L'avantage de la manipulation sémantique est évident : le piège tendu est imparable. La société entière va être investie, et un nouveau langage va lui être transfusé. […] Cette manipulation du langage est l'instrument indolore d'un retournement psychologique quasiment imperceptible. Elle est aussi le passage obligé vers une reprogrammation, au terme de laquelle les gens continueront de penser et de vouloir, mais d'une pensée et d'un vouloir étrangers à eux-mêmes[1]. »

Est-ce à dire que le sens des mots est immuable ? Bien sûr que non, il évolue certainement avec les mœurs, la culture et les idées. Notre langue se transforme, s'enrichit de nouveaux mots chaque année, acceptés ou non par l'Académie française dans son *Dictionnaire*. En cela, elle est vivante. Ainsi que le rappelle Isabelle Mourral, notre langue « vit de l'intelligence et de la sensibilité de ceux qui la parlent, de leur esprit créatif, comme, hélas ! de leur ignorance, de leur laisser-aller ou de leur snobisme. Elle traduit leurs expériences quotidiennes, leurs épreuves, leurs désirs, leurs attentes, leurs espoirs. Elle porte la marque des phénomènes sociaux, des inventions et des techniques nouvelles. Elle traduit les émotions et les passions, les valeurs du jour et les refus. Elle se diversifie avec les milieux sociaux, les groupes, les tranches d'âge. Elle ne cesse de se modifier par ses abandons et ses inventions[2]. »

Mais cette évolution se fait normalement sur le temps long, de manière incidente, naturelle et progressive ; elle n'est point imposée par une loi, une minorité, un pouvoir. Ainsi, le mot « famille » a évolué au fil des siècles pour ne signifier aujourd'hui que des parents et leurs enfants. Il en est de même de « république » ou de « responsabilité ». Mais, cette évolution n'est point artificielle et provoquée comme le fut celle du mot « mariage », et

1. *Le Terrorisme à visage humain*, Fr.-X. de Guibert, 2017.
2. *Le Sens des mots : réflexion sur les embûches et les perversions du langage*, Éditions de Paris, 1997.

demain sans doute du mot « père ». Le fait est que, trop souvent désormais, la langue et les mots évoluent mais de manière artificielle, pour manipuler les esprits.

En même temps…

George Orwell dénonçait dans *1984* la double-pensée comme le fait d'accepter et présenter deux idées opposées, simultanément et absolument, « en même temps », et ainsi d'assurer une contradiction permanente des mots et des pensées, pour empêcher l'autre de penser par lui-même et l'amener à accepter plus facilement le subterfuge. « Savoir sans savoir, être conscient de la vérité intégrale tout en racontant des mensonges savamment construits. Entretenir en même temps deux opinions antithétiques, avec une égale conviction. Jouer la logique contre la logique, bafouer la morale tout en s'en réclamant, croire en la démocratie impossible et désigner le Parti comme son gardien, oublier ce qu'il faut oublier, puis retrouver la mémoire si nécessaire pour oublier aussitôt ensuite. Et surtout, appliquer ce traitement au procédé lui-même : induire l'inconscience sciemment, et refouler l'acte d'autohypnose auquel on vient de se livrer – le comble de la subtilité. Pour comprendre le mot "doublepenser", encore faut-il être capable de douplepenser soi-même. »

Cette façon de penser n'est pas nouvelle et trouve son origine notamment dans la dialectique socratique et la rhétorique ; elle suppose aussi un certain machiavélisme. Aujourd'hui « doublepenser », ou penser « en même temps », est curieusement d'actualité…

Redonner aux mots leur vrai sens

Avocat des hommes et des entreprises, épris de justice et de liberté, en quête de vérité, je me désole quotidiennement de cette perversion du langage, que ce soit dans les discours politiques, les interventions médiatiques, les débats parlementaires ou les textes juridiques. J'ai besoin de comprendre ce qui est dit, de découvrir ce qui est caché, de dénoncer ce qui est travesti et, à cette fin, de retrouver le sens véritable des mots ; en particulier, de ceux utilisés dans le langage culturel et politique courant.

Dans un système où les mots sont pervertis, il est primordial de leur rendre leur sens réel, de les laver. Car, s'il faut des mots pour penser ce qui est, leur dévoiement détourne la pensée de la réalité, et l'homme de la vérité. Les mots qu'on emploie influencent notre pensée. Et la manière dont on pense influence nos actions.

Certes, rétablir la vérité des mots ne se fera que progressivement. Il s'agit d'un combat de longue haleine qui finira par triompher. Arthur Schopenhauer ne s'y était pas trompé en déclarant : « Toute vérité franchit trois étapes. D'abord, elle est ridiculisée. Ensuite, elle subit une forte opposition. Puis, elle est considérée comme ayant toujours été une évidence. »

Cet ouvrage, *Le hold-up des mots*, a ainsi pour objectif de redonner du sens aux mots. Pas à tous les mots, bien évidemment – il ne s'agit pas d'un dictionnaire –, mais à certains couramment utilisés dans le langage politique et culturel. Il n'a pas été aisé de sélectionner les termes ainsi présentés. Il ne fallait pas en faire trop, au risque de décourager certains, tout en sachant que la plupart des mots ainsi retenus mériteraient un livre entier pour les traiter de manière convenable et exhaustive. C'est ainsi que soixante-quinze mots ont été retenus et redéfinis, la plupart seuls, certains associés à leur opposé (tels que « droite » et « gauche », « conservatisme » et « progressisme »), soit soixante-quatre entrées. Pourquoi avoir choisi « capitalisme » ou « république » et avoir oublié « socialisme » et « monarchie » ? Tout choix – il fallait bien en faire un – est discutable et peut être même critiqué. Le mien s'est porté sur les mots les plus usités dans le langage politique courant, tout en étant, à mon sens, dévoyés (tels que « père », « procréation », « laïcité », « république »), ou encore les mots oubliés, incompris, voire bannis (tels que « race », « nation », « identité ») ; sachant qu'ainsi redéfinis, il est plus aisé d'en saisir l'esprit et de comprendre l'état de la situation politique française. Ces mots ont par ailleurs été classés par thèmes – « L'homme, de la naissance à la mort », « La société et les relations humaines », « Le rapport à Dieu » –, étant précisé que là encore toute classification est discutable.

Un dernier point : pour redéfinir ainsi les mots, il est parfois fait référence à l'Histoire ou à la religion, en particulier la Bible et le christianisme. La raison est évidente : nous sommes les héritiers de nos ancêtres, qui ont pensé, parlé et agi bien avant nous et nous ont ainsi transmis le sens des mots. La Bible, source première des trois grandes religions monothéistes, a profondément marqué notre histoire, notre culture, notre art, notre système juridique, par ailleurs profondément inspiré également du droit romain, et notre identité, particulièrement en Occident et en France, avec le catholicisme. Il faut aussi reconnaître la finesse d'analyse de l'Église catholique et de ses grands penseurs, manifestée dans les encycliques ou les œuvres des grands saints ou docteurs de l'Église, qui, depuis deux mille ans, étudient la nature humaine, pour mieux porter l'Homme vers la « Cité de Dieu », ou tout simplement l'enrichir.

Pour rebâtir une pensée intelligente et des idées en adéquation avec la réalité, pour redevenir « maître » des mots et ainsi de soi-même, il faut redéfinir les mots, retrouver leur sens. Il nous faut parler juste, toujours plus juste.

N'ayons pas peur des mots…

Première partie

L'HOMME, DE LA NAISSANCE À LA MORT

Contrairement à ce que l'on dit, l'homme moderne n'est pas connecté ! Il est au contraire déconnecté. Et cette déconnexion est multiple : déconnexion entre l'homme et la nature, en premier lieu avec l'animal ; déconnexion de l'homme à l'intérieur de lui-même, entre tête et cœur, entre âme et corps ; déconnexion entre l'homme et la femme, entre le père et la mère…

Cette déconnexion revient à nier la différence entre l'homme et l'animal, entre les sexes, entre les parents des deux sexes. Sous l'influence des nouvelles idéologies venues principalement des États-Unis, comme le spécisme, l'idéologie du genre ou plus récemment encore le *woke*, notre société, en réalité, rejette et veut effacer les limites pour ne plus avoir à s'y soustraire. En commençant donc par le langage.

Ainsi que l'affirmait Charles Péguy : « Le monde moderne avilit. Il avilit la cité ; il avilit l'homme. Il avilit l'amour ; il avilit la femme. Il avilit la race ; il avilit l'enfant. Il avilit la nation ; il avilit la famille, il avilit même, il a réussi à avilir ce qu'il y a peut-être de plus difficile à avilir au monde ; il avilit la mort. »

Ainsi devrions-nous nous interroger. Qu'est-ce qu'un animal si on lui reconnaît des droits opposables aux hommes ? Et qu'est-ce qu'un homme ? N'est-il qu'un corps doué d'un esprit ? Qu'en est-il de son âme ? Qu'est-ce qu'un embryon s'il est moins protégé qu'une poule ? Peut-on nier et anéantir, sous l'influence de l'idéologie du genre, la différence naturelle entre l'homme et la femme, pour faire émerger un être asexué, libre de choisir son sexe, son genre, un être indifférencié, voire interchangeable ? Qu'est-ce qu'un père s'il n'est pas « forcément un mâle » ? Et que penser encore de la procréation humaine quand on veut la rendre artificielle, sans sexe, ne relevant que du libre choix et rejetant le hasard de la nature ? Suffit-il de bannir le mot « race », de notre droit, de notre constitution, de notre pensée, pour anéantir le racisme dont sont victimes les Noirs mais aussi les Blancs ? Ne devrions-nous pas nous interroger davantage sur le sens de la vie, sur la mort, sachant que la manière dont on envisage la mort influence considérablement la qualité de la vie ?

Animal

L'animal, ou « bête », est « un être animé ne présentant pas les caractéristiques supérieures de l'espèce humaine », précise le *Dictionnaire de l'Académie française*. C'était au Moyen Âge un mot savant pour désigner, selon le *Dictionnaire historique de la langue française*, « un être vivant, mobile, doté du souffle vital ou *anima* », substantif qui renvoie à « âme ». Le mot inclut l'espèce humaine et exclut les plantes. Le mot « bête » était plus familièrement employé, mais au XVIe siècle, il devient une injure, allant jusqu'à désigner les femmes chez les antiféministes, comme on en trouve chez Molière.

Tout semble clair et, pourtant, la notion d'animal se complexifie dès lors que l'on confond l'animal et la relation que nous entretenons avec lui ; relation symétrique lorsqu'il s'agit d'un « animal de compagnie ». Les *Fables* de La Fontaine, et leur anthropomorphisme poétique, le cheval Poly, les chiens Belle, Milou, Idéfix ou Rintintin donnent une intelligence quasi humaine à des animaux. Zola, dans *Germinal*, décrit si bien le cheval enfermé au fond de la mine, qu'il installe son lecteur en empathie vis-à-vis de cette bête de somme condamnée à l'obscurité.

L'animal a-t-il une conscience, un instinct moral ? L'Histoire fourmille d'actes de bravoure de compagnons fidèles.

Dans l'Antiquité, les Grecs partageaient le règne de l'homme et celui de l'animal : le civilisé et le sauvage. À chacun son territoire et ses lois. L'intersection des deux univers se tenait dans la domesticité de certains animaux et dans leur élevage. Nous avons hérité de cette organisation. Or, pour répondre au développement exponentiel de la démographie, les méthodes se sont industrialisées, donnant lieu à l'élevage intensif, synonyme d'abattage à la chaîne. La « ferme des mille vaches » construite dans la Somme en 2014 en est un insoutenable exemple, et pose des questions éthiques : peut-on organiser raisonnablement du vivant à la chaîne ?

La classification des animaux est considérée par certains comme du spécisme (concept selon lequel une espèce est plus importante qu'une autre, sur le modèle du racisme et du sexisme), plaçant l'espèce humaine au-dessus de toutes les autres et accordant une considération morale plus grande à certaines espèces animales (notamment le chat, le chien, le cheval et d'autres animaux de compagnie) qu'à d'autres (les animaux sauvages, les animaux d'élevage). L'antispécisme militant – on voit bien une idéologie se déclarer quand elle mêle des concepts tels que le racisme et le sexisme avec la condition animale… – se développe et débouche sur des initiatives surprenantes telles que la Déclaration universelle des droits de l'animal, proclamée solennellement le 15 octobre 1978 au siège parisien de l'Unesco et révisée par la Ligue internationale des droits de l'animal en

1989. En dix articles – tels les Dix Commandements –, cette déclaration contient des éléments qui tombent sous le sens, tel l'article 10 : « L'éducation et l'instruction publique doivent conduire l'homme, dès son enfance, à observer, à comprendre, et à respecter les animaux. » Ou l'article 5 : « L'animal que l'homme tient sous sa dépendance a droit à un entretien et à des soins attentifs. Il ne doit en aucun cas être abandonné, ou mis à mort de manière injustifiée. Toutes les formes d'élevage et d'utilisation de l'animal doivent respecter la physiologie et le comportement propres à l'espèce. » Mais la dérive est réelle. Ainsi l'article 9 prévoit : « La personnalité juridique de l'animal et ses droits doivent être reconnus par la loi. La défense et la sauvegarde de l'animal doivent avoir des représentants au sein des organismes gouvernementaux. » Et l'article 7 abolit la peine de mort : « Tout acte impliquant sans nécessité la mort d'un animal et toute décision conduisant à un tel acte constituent un crime contre la vie. »

Plus proche de nous, en février 2015, l'Assemblée nationale a voté, au détour d'une réforme du droit des contrats, un article 515-14 du Code civil qui stipule : « Les animaux sont des êtres vivants doués de sensibilité. Sous réserve des lois qui les protègent, les animaux sont soumis au régime des biens. » Sensibilité ? « Mais où commence et finit la sensibilité ? » s'interroge avec raison François Terré[1].

Aucun doute, les défenseurs de la cause animale sont en passe d'imposer un « droit animalier » et d'y soumettre l'homme. Contrairement au Moyen Âge où se tinrent de nombreux procès d'animaux, les tribunaux ne seront pas encombrés demain pour un chien

1. *Dictionnaire insolite du droit*, LGDJ/Lextenso éditions, 2016.

ayant croqué un os de poulet, comme en rit Racine dans *Les Plaideurs*, mais par des procès d'humains au profit d'animaux. Est-ce bien raisonnable ?

Le mélange des genres animal/humain dans le domaine du droit se révèle tragique dans celui de la science. Depuis les années 1960, des chercheurs – d'aucuns parleraient d'apprentis sorciers – tentent de produire des organes humains dans des corps d'animaux, au motif de sauver des vies humaines. La lecture du journal *La Croix* du 11 décembre 2018 est édifiante : « Parmi eux, Juan Carlos Izpisua Belmonte, du Salk Institute, a révélé en janvier 2017 avoir introduit des cellules souches humaines, embryonnaires ou adultes, dans des embryons de porc. Réimplantés dans des truies, ces "embryons-chimères" ont finalement été détruits au bout de vingt-huit jours, comme l'impose la loi américaine. Les cellules humaines avaient, entre-temps, commencé à développer du tissu musculaire. D'autres annonces de ce type ont suivi, comme la création et la culture, en février 2018, d'un embryon de mouton contenant des cellules humaines, ainsi que la constitution, en mai, d'une chimère poulet-homme. » Dans ce même article, le philosophe Dominique Folscheid insiste sur la sémantique qui entoure ces recherches : « Beaucoup de scientifiques qui pratiquent ces manipulations parlent "d'espèce humaine". Or, parler d'espèce humaine, cela revient à escamoter la différence entre les animaux et l'être humain. » Il est certain que motivée par le dépassement scientifique et l'appétit financier des laboratoires, la tentation – si ce n'est déjà fait dans le secret des laboratoires – de transgresser la frontière homme-animal est grande. Le journal *Le Monde* a d'ailleurs révélé le 15 avril 2021 la création de « premiers embryons homme-singe », par deux équipes, l'une française, l'autre sino-américaine, qui ont cultivé durant trois à dix-neuf jours des embryons de macaques, dans lesquels ils avaient ajouté des cellules humaines. Les pandémies (dont la dernière de la Covid-19) ne trouveraient-elles pas leur raison dans la désorganisation du vivant générée par l'homme ?

Ne sommes-nous pas en train de tout mélanger ? Que penser du projet de loi Bioéthique, discuté au Parlement en 2021, qui autorise en France la création d'embryons chimères animal-homme, c'est-à-dire d'embryons animaux dans lesquels sont insérées des cellules souches humaines ? Et que penser encore des députés qui, le 8 octobre 2020, discutaient de l'extension du délai de l'IVG de douze à quatorze semaines (qui nécessite d'écraser la tête ossifiée du fœtus, lequel mesure alors douze centimètres), puis, dans la foulée, d'un texte interdisant certaines pratiques génératrices de souffrances chez les animaux ? L'embryon humain aurait-il moins de valeur qu'une poule ou un cochon ? Que penser enfin des réflexions en cours sur la création d'un cadre légal pour la retraite et la fin de vie des animaux, ayant fait l'objet d'une conférence organisée par l'Ordre des avocats de Paris le 11 décembre 2020 ?

Sans remettre en cause le respect dû à l'animal, le droit des animaux, ainsi que la recherche de nouvelles formes biologiques concourent à diminuer l'homme dans la nature, à circonscrire sa pensée, à ouvrir sur un monde végane dépourvu de viandes, de cuirs, de bon sens. Pire, il le soumet à des normes nouvelles qui pourraient le fragiliser.

Avortement

Certains sigles soulèvent des passions, des réactions fortes et souvent tranchées : c'est le cas d'IVG, de GPA ou de PMA… Tous ont en commun la grossesse et donc la présence d'un embryon humain puis d'un fœtus, dont on veut soit la disparition soit la viabilité. Ceci est posé comme un absolu, un droit : le droit à l'enfant d'un côté et, de l'autre, le droit à ne pas en avoir. Chacun comprend que le droit à la vie, ici, s'affronte au droit à la mort dans une dialectique insoluble dont l'enfant est l'enjeu.

Le mot vient du latin *abortare*, qui signifie mourir avant de venir au monde. L'avortement, ou interruption volontaire de grossesse (IVG) – le mot « volontaire » est capital, il suppose le plein exercice d'une volonté, d'un acte délibéré et assumé –, a été le centre d'affrontements historiques lors du débat sur la loi Veil en 1974. Avant cette loi, l'avortement, souvent clandestin, était considéré comme un délit ou un crime. La loi Veil dépénalise l'avortement, permettant par ailleurs de sauver la vie de « futures mères » qui avait décidé d'interrompre leur grossesse dans des conditions sanitaires souvent déplorables et dangereuses.

Rappelons tout d'abord qu'il y a deux types d'avortement. L'IVG, qui ne peut se pratiquer que jusqu'à la fin de la douzième semaine de grossesse, soit quatorze semaines après le premier jour des dernières règles, et qui n'est soumise désormais à plus aucune condition. Et l'IMG (ou interruption médicale de grossesse), qui peut se pratiquer sans restriction de délai, donc jusqu'à la veille de la naissance, pour un motif dit médical, soit parce que la poursuite de la grossesse met en péril grave la santé de la mère, soit pour anomalie grave du fœtus (par exemple la trisomie 21).

La ministre de la Santé de Valéry Giscard d'Estaing, Simone Veil, ne manqua pas de présenter l'avortement, lorsqu'elle défendit son projet de loi devant l'Assemblée nationale, le 26 novembre 1974, comme une « exception » au caractère sacré de la vie : « Je le dis avec toute ma conviction : l'avortement doit rester l'exception, l'ultime recours pour des situations sans issue. Mais comment le tolérer sans qu'il perde ce caractère d'exception, sans que la société paraisse l'encourager ? Je voudrais tout d'abord vous faire partager une conviction de femme – je m'excuse de le faire devant cette Assemblée presque exclusivement composée d'hommes : aucune femme ne recourt de gaieté de cœur à l'avortement. Il suffit d'écouter les femmes. » La proposition de loi était alors également justifiée au nom de la « libre disposition du corps », de son propre corps. Or, il s'agit pourtant du corps d'un autre, de la libre disposition du corps d'autrui, celui de l'embryon/fœtus qui est autre, même s'il dépend bien évidemment de sa mère, alors même qu'en droit, nul ne peut disposer librement de son propre corps : il suffit de rappeler l'interdiction de vendre un œil ou un rein.

La loi Veil a d'emblée été présentée comme une des plus remarquables conquêtes du féminisme et du droit que les femmes ont de disposer de leur corps, et par conséquent aussi de la vie qu'elles portent en elle. Plus encore, le primat de l'avortement implique l'idée que les enfants appartiennent d'abord aux femmes et que les hommes n'ont aucun droit sur ceux-ci tant qu'ils ne sont pas nés… Soit dit en passant, l'avortement est parfois aussi le résultat de la lâcheté d'hommes qui refusent d'assumer leur responsabilité et délaissent alors les femmes enceintes.

Ce droit qui est également, sous un certain angle, un « droit de tuer » ou, pour employer d'autres mots moins rudes, le droit de supprimer un être humain en formation sans son consentement et qui ne peut se défendre, est devenu au fil des ans un dogme, un totem de la République, que personne n'a le droit de discuter, au même titre que l'abolition de la peine de mort promulguée au nom du respect de la vie ! Étonnant paradoxe d'une société qui prétend respecter toute forme de vie, exception faite de l'avortement et l'euthanasie. Comme si n'étaient respectables que l'enfant viable et l'adulte en pleine possession de ses moyens physiques et mentaux… Nous avons, semble-t-il, exclu tout ou partie de l'héritage biblique : « Tu ne tueras point » (Exode 20, 13) ; cette « loi » divine extraite du Décalogue est pourtant un fondement du droit pénal et de la culture judéo-chrétienne, mais il est écarté au profit d'un droit d'interruption de vie gratuit !

Qu'en est-il des droits de l'embryon ? Il ne jouit d'aucun statut juridique clair. L'enfant acquiert la personnalité juridique seulement à sa naissance, si bien que ses droits débutent à cette date. Néanmoins, en vertu du principe *infans conceptus*, plus exactement « *infans conceptus pro nato habetur quoties ejus agitur* », qui signifie que l'enfant simplement conçu est considéré comme né chaque fois qu'il peut en tirer un avantage, l'enfant conçu mais non encore né n'est pas pour autant négligé. Et des droits lui sont reconnus ! Ainsi, une fois né, il pourra hériter de son père mort avant sa naissance. Plus surprenant encore, un enfant peut même être indemnisé pour le préjudice moral dont il souffre pour avoir été privé de père, ce dernier ayant succombé à un accident de la route avant sa naissance. Ainsi en a jugé récemment la Cour de cassation dans un arrêt du 10 novembre 2020, appliquant une jurisprudence constante en la matière ! Fâcheux paradoxe encore de notre société qui reconnaît à un enfant des droits alors qu'il n'était qu'un embryon… tout en autorisant le fait de mettre un terme à sa vie prénatale.

L'embryon est simplement l'être en passe de devenir un fœtus, seul le temps sépare l'un de l'autre, mais dans tous les cas, il n'y a pas de différence fondamentale puisque cet être vivant possède déjà tout son ADN. Cette remarque importe, étant donné que nombre de défenseurs de l'avortement considèrent que l'être humain ne peut être ontologiquement tel qu'à la naissance, quand son corps est pleinement fonctionnel, qu'il respire, est viable : pour que la vie soit reconnue, une autonomie et une indépendance absolue, notamment vis-à-vis de la mère, sont exigées. Et cependant, la vie « visible » est de beaucoup antérieure, puisque le cœur de l'embryon bat. Le film antiavortement *Le Cri silencieux*, réalisé par un praticien repenti, est à ce titre fort instructif. Et surtout, qu'en est-il de son âme ? Ou, si l'on préfère, quand commence l'activité cérébrale ? Quand la vie devient-elle vie d'un être humain ?

Loin de nous l'idée de condamner les femmes qui, quelles que soient leurs raisons, décident d'avorter. Mais un constat : depuis 1974, l'avortement n'a cessé d'être facilité, notamment en instituant le délit d'entrave à l'avortement en 1993, puis en 2001 la suppression de l'autorisation parentale pour les mineures, la suppression du dossier-guide de la liste des aides matérielles et financières, ainsi que de diverses mesures tendant à faciliter le recours à l'avortement et à interdire toute action contraire. Sans réelle politique de prévention, l'avortement devient la seule solution à une grossesse problématique ou non désirée. Les autres solutions sont écartées par les praticiens, les médias et les pouvoirs (accompagnement, accouchement sous X, etc.). En France, en 2019, 232 000 avortements ont été pratiqués pour 753 000 naissances, soit une pour trois.

En réalité, on ne devrait pouvoir justifier l'avortement qu'en précisant clairement qu'il ne peut s'appliquer que quand l'intérêt vital de la mère est de ne pas accoucher, ce qui suppose de supprimer la vie de l'enfant qu'elle porte. Pour protéger la mère, il faut supprimer l'enfant. Le « crime » est ainsi justifié par un intérêt considéré comme plus grand, et qui *de jure* pourrait retirer à l'avortement la qualification de crime. C'est la même logique qui justifiait hier la peine de mort – pour protéger la société, il fallait supprimer le coupable –, ou qui justifie de nos jours le droit de tuer pour les militaires au combat ou les forces de l'ordre en cas de nécessité ou de légitime défense : pour protéger l'autre, soi-même ou son pays, il est possible, sinon nécessaire, de tuer.

Longtemps, l'avortement a été considéré comme une sorte de moindre mal, dépénalisé au nom du droit des femmes à disposer de leur corps, mais restant un acte dont l'évitement était implicitement souhaitable. On parle aujourd'hui de « droit fondamental » (notion qui n'a pourtant aucun sens juridique), et tout doit être fait pour que les femmes puissent avoir librement accès à ce droit. Le reste, notamment la nécessité de proposer des alternatives, a progressivement été éliminé. Non seulement il n'y a aucune volonté gouvernementale de le diminuer, mais le nombre d'avortements pratiqué semble bien être le critère de performance d'une politique de santé publique. Cette banalisation de l'avortement est le signe d'une société qui se ment à elle-même en prétendant placer le respect de la vie au-dessus de tout.

Bioéthique

Cette discipline, apparue aux États-Unis dans les années 1960, a pour objet les questions d'éthique directement issues des progrès de la médecine et de la biologie. Elle s'enracine dans la « morale médicale traditionnelle », fondée sur une éthique du dévouement du médecin à l'endroit du patient. Nous ne pouvons que constater que le caractère « démiurgique » des biotechnologies contemporaines précipite, non sans créer d'angoisse, nombre d'interrogations sur des thèmes particulièrement sensibles : euthanasie active ou passive, avortement, diagnostic prénatal, thérapie cellulaire (cellules souches), greffes, expérimentation sur l'être humain et sur l'embryon, chimère, eugénisme, insémination artificielle, procréation médicalement assistée, gestation pour autrui, manipulations génétiques, clonage…

Tenter d'apporter des réponses éthiques suppose une approche transversale interdisciplinaire qui convoque non seulement le médecin, mais aussi le juriste, le philosophe, le sociologue, l'historien et le théologien.

Mais, avant toute réflexion en la matière, il convient de ne pas perdre de vue le respect de la personne humaine, le souci de la bienfaisance (et donc l'appréciation des avantages et inconvénients de chaque décision), et le principe de justice selon lequel tous les hommes sont égaux en dignité. Car certaines dérives ne manqueraient pas de porter atteinte à la dignité humaine : la soumission du vivant humain à la loi du marché (trafic d'organes et autres), la possibilité offerte aux individus de satisfaire des désirs mortifères (recours au suicide assisté, par exemple), ainsi que les excès du pouvoir médical et du pouvoir étatique qui peut légiférer au mépris des droits de l'homme.

La création, en 1983, du Comité consultatif national d'éthique pour les sciences de la vie et de la santé (CCNE) marquait une ambition forte qui allait cependant vite se trouver mise à mal par le droit lui-même, puisque sous l'influence du libéralisme, la règle devait affirmer une clarté et une direction sans ambiguïté : tout ce qui n'est pas interdit étant permis, cela suppose de ne rien laisser de côté, au risque de légitimer l'inconnu. Par ailleurs, le droit français doit respecter les textes internationaux qui stipulent la protection du corps humain, de la vie et de la personne et rappellent certains principes fondamentaux, comme l'inviolabilité de la personne humaine. La rapidité des progrès techniques et des découvertes médicales appelle donc sans cesse à être conforme à un corpus de valeurs communes et civilisationnelles ; si la science n'a pas de limite, c'est à la loi de lui en imposer et de borner son champ d'action. Il appartient au législateur de décider ce qui est possible, souhaitable ou acceptable. La difficulté est de rester autant que faire se peut dans l'éthique et de ne pas répondre aux sollicitations politiques ou économiques. Or, nombre de lois sont votées pour satisfaire à des pressions, des lobbies, des influences, notamment financières, des laboratoires et groupes pharmaceutiques. Ainsi que pour montrer l'efficacité politique et l'orientation libérale d'un gouvernement. Ce qui fut par exemple le cas pour le Pacs s'est reproduit pour le mariage dit « pour tous », et la PMA pour toutes avec le projet de loi Bioéthique de 2021, instituant ainsi une rupture anthropologique majeure, voire une négation des principes fondateurs de notre civilisation.

Ce que certains nomment un peu vite un droit ou une avancée n'est parfois qu'une chosification de l'humain, telle la production d'embryons transgéniques ouvrant la voie à la naissance d'enfants génétiquement modifiés. Pensons aussi au non-consentement du conjoint sur le don de gamètes ou à la transcription quasi automatique du statut de l'enfant né de GPA à l'état civil, en violation pourtant des règles d'ordre public français interdisant la gestation pour autrui…

L'égalité devient l'arme de recours absolue pour recourir au « droit à l'enfant », y compris pour les couples de même sexe, soit par adoption ou par procréation médicalement assistée, don de gamètes, détruisant ainsi toute référence à la famille organique traditionnelle. C'est une autre forme de structure familiale qui est promue et défendue, au nom d'un égalitarisme fort peu soucieux d'éthique. Dorénavant, la bioéthique est là pour approuver ce que l'éthique réprouve. Le CCNE est là pour valider et donner un gage « bioéthique » aux dérives du législateur, pour le plus grand plaisir des transhumanistes.

Qu'en est-il de notre rapport à la vie, à la mort, à la dignité inaliénable de l'humain, qui dépend de nos croyances ou non, de notre rapport à la religion ou à la science ? Le cas de Vincent Lambert est un exemple parfait des interrogations engendrées par une situation limite. Les « progressistes » s'emparent du sujet pour faire avancer leur idéal transhumaniste, avec comme argument le fait que des opinions religieuses, par définition hypothétiques – Dieu existe-t-il ? –, ne peuvent intervenir dans des domaines aussi pragmatiques que la science. Sujet d'autant plus complexe à trancher que les mêmes opinions religieuses rejoignent celles des progressistes sur d'autres questions sociétales, comme la peine de mort.

Le sujet met surtout en évidence une réflexion mal aboutie ou en manque de maturité. En effet, comment peut-on réglementer voire attaquer les boucheries ou supprimer la viande dans les cantines scolaires, au nom de la maltraitance animale, et accepter « en même temps » la création de chimères animal-homme ? Comment peut-on adopter une loi interdisant la fessée, mais accepter l'interruption médicale de grossesse (IMG) jusqu'à la veille de la date de naissance (soit à neuf mois) ? La bioéthique n'a réellement de sens que pour limiter les excès de l'homme et fixer un cadre juridique à la science ; elle ne doit pas devenir un prétexte pour faire prétendument « évoluer » le droit et donner une bonne conscience au législateur.

Admettons qu'en politique il n'y a plus vraiment de divergence fondamentale sur les questions économiques et sociales entre la droite et la gauche, entre les « conservateurs » et les « progressistes », et que le vrai clivage porte aujourd'hui sur les questions bioéthiques, culturelles et sociétales, qui seules distinguent deux camps ou deux façons de penser le monde.

Euthanasie

Ce mot, dont l'utilisation même fait frémir, est d'un emploi tardif. Dans son acception première, dès 1771, il désignait l'art de rendre la mort douce et facile, avant d'être repris en médecine, en 1907, dans le sens de mort douce et sans souffrance. Puis dans le sens commun, indiquant le fait d'utiliser des procédés permettant de hâter ou de provoquer la mort d'un malade incurable.

Pour certains, recourir à cette pratique serait un droit presque comme un autre, alors que pour d'autres, qui n'ont absolument pas la même philosophie de la vie, elle est symptomatique de la « culture de mort » que Jean-Paul II dénonçait avec vigueur et qui recouvre toute forme de « permis légal de tuer », que ce soit l'avortement ou l'euthanasie. Sans doute faut-il d'emblée distinguer aussi ce qui relève de l'euthanasie passive – arrêt des soins médicaux pour laisser le temps faire son œuvre –, qui fait l'objet d'un protocole concerté (entre le malade, sa famille et les médecins), du suicide assisté ou aide au suicide – qui n'est pas vraiment de même nature, ne serait-ce que parce qu'il suppose une permission, voire une « délégation » quant au fait de mettre fin à ses jours légalement et avec l'aide d'un tiers. Nous touchons là une situation limite où il est aisé de lire la tendance contemporaine à imposer un contrôle sur la vie comme sur la mort ; tendance qui traduit une volonté de toute-puissance et souligne la « sécularisation » de la sacralité de la vie, de sa conception à son terme, très liée à la généralisation du matérialisme le plus étroit et au rejet de toute forme de transcendance.

Autrefois, en France, la mort faisait partie du quotidien, elle était acceptée comme inéluctable avec les grandes épidémies, les guerres, les maladies, la pauvreté… Sûrement la croyance en Dieu et en un au-delà contribuait-elle à cet état d'esprit. De nos jours, la société actuelle non seulement rejette l'idée de mort, qu'elle juge « scandaleuse », mais elle s'enfonce dans le déni : jadis, on mourait chez soi, entouré des siens ; aujourd'hui, on meurt souvent seul, dans un lit d'hôpital – puis glissé dans une housse avant d'être remis dans le frigo d'une morgue, puis livré aux flammes d'un crématoire… Le philosophe Olivier Rey, auteur de *L'Idolâterie de la vie*[1], stigmatise cette évolution : « La mort apparaît aujourd'hui comme un échec du système de santé. »

Pour tenter de conjurer, bien vainement, la mort ou plutôt son imminence, certains pensent préférable d'en choisir l'heure et les conditions. Sénèque, poussé au suicide par Néron, préféra en finir et s'ouvrit les veines à la fin d'un repas organisé pour ses amis ; mais il s'agit là d'une coutume romaine et non d'un exemple transposable à notre époque. Pour nombre d'entre nous, la mort ne doit ou ne devrait dépendre que de soi, et donc ni de la volonté de Dieu, ni des caprices du hasard ou de la Nature. Dans une méditation sur la mort du Christ, saint Bernard écrit : « L'homme en sa folie peut porter sur lui des mains criminelles : ce n'est pas là déposer sa vie ; c'est plutôt la chasser et la briser avec violence. Seul il a livré sa vie à la mort, Celui qui seul est revenu à la vie par sa vertu personnelle. Il a eu seul le pouvoir de la déposer, Celui qui posséda exclusivement la faculté de la reprendre, parce qu'il était le Maître de la vie et de la mort. » Et il ne parle ici que du suicide, tout autre acte lui eût été impensable, et l'euthanasie un meurtre déguisé…

Tous les pays qui ont légalisé l'euthanasie et le suicide assisté connaissent des dérives. La Belgique en est un exemple, avec l'euthanasie des mineurs et l'euthanasie récente d'un transsexuel de quarante-quatre ans

1. Gallimard, « Tracts », 2020.

dont l'opération a raté. Alors que nous devrions méditer l'histoire d'Angèle Lieby qui, gravement malade, placée en coma artificielle, vouée à une mort rapide, est sauvée par une larme qu'elle est parvenue à faire couler et que sa fille a vue, ainsi qu'elle le raconte dans *Une larme m'a sauvée*[1].

Reconnaissons aussi le lien entre euthanasie, avortement et peine de mort : *in fine*, en toute logique et par principe, quiconque est contre la peine de mort devrait être également contre l'euthanasie et l'avortement. Si l'on pourfend l'un, aucune limite ne s'impose pour ne pas pourfendre l'autre, preuve s'il en fut de l'absolue incohérence de la pensée ambiante et de son pouvoir de ségrégation des causes, bonnes ou mauvaises. Il est paradoxal de refuser la peine de mort au nom d'un droit à la vie (droit suprême) tout en soutenant l'avortement au nom du droit des femmes à disposer de leur corps, ou l'euthanasie au nom d'un droit à mourir dans la dignité. Robert Badinter, auditionné par la mission d'évaluation de la loi Leonetti, a déclaré en septembre 2008 : « Ma position fondamentale, bien connue, est simple et catégorique : le droit à la vie est le premier des droits de tout être humain – c'est le fondement contemporain de l'abolition de la peine de mort – et je ne saurais en aucune manière me départir de ce principe. Tout être humain a droit au respect de sa vie, y compris de la part de l'État, surtout en démocratie. » Et dès lors que la borne est franchie, celle de l'interdit de tuer, il n'y a plus de limite ! Un des arguments avancés pour abolir la peine de mort fut le risque de tuer un innocent – erreur judiciaire –, mais le même risque est-il dénié à l'euthanasie ? Comment

1. Transcontinental, 2013.

admettre d'euthanasier un patient qui ne le souhaitait pas vraiment, dès lors que sa demande signifie en réalité autre chose, un appel au secours par exemple ? Que souhaite-t-il voir cesser ? Sa souffrance et son sentiment d'indignité, ou sa vie ?

Nous ne devons jamais laisser de côté qu'il « faut envisager la vie à la lumière de notre propre mort. La conscience de la mort nous apprend à mieux vivre », pour reprendre des propos de François Cheng dans *Cinq méditations sur la mort, autrement dit sur la vie*[1].

Nous sommes loin de tout pouvoir maîtriser ou contrôler, et notre « liberté de choisir » est plus limitée qu'on ne pense. Philippe Oswald résume parfaitement les enjeux de ce débat, qui ne devrait même pas avoir lieu, sur le site Internet laselectiondujour.com en octobre 2019 au sujet de la mort de Vincent Lambert : « Retenons en particulier ceci : alors que les juges de la cour d'appel avaient estimé que le CHU de Reims avait porté atteinte au "droit à la vie" en cessant d'hydrater et d'alimenter Vincent Lambert, le procureur Molins a motivé ainsi son avis : "Ériger la vie en valeur suprême serait remettre en cause la loi Leonetti et le droit à l'IVG." N'est-ce pas avouer que de la loi sur l'avortement à l'euthanasie, sous couvert de la loi Claeys-Leonetti, c'est une même logique de mort des "inutiles" ou des "gêneurs" que l'État poursuit ? » Une analyse lucide, mais qui fait froid dans le dos.

1. Albin Michel, 2013.

Famille

Dans l'Antiquité, *familia*, dérivé de *famulus*, serviteur, désignait une communauté vivant sous un même toit, esclaves compris, et dépendant d'une seule personne détenant l'autorité, le *pater familias*. Sans pour autant s'imposer, le mot apparaît en France au XIVe siècle, tandis que l'on emploie divers vocables : « parenté », « parentage », « lignée », « mesnie » (venant du latin *mansio* qui donna « maison »). Jusqu'au XVIe siècle, il désigne les mêmes entités qu'à l'origine : ceux qui vivent dans un bâtiment, même en dehors de tout lien de sang. Il faudra attendre le XVIIIe siècle pour que le terme associe progressivement lien de parenté et lieu de corésidence. Puis, par extension, la succession d'individus ayant une origine commune. L'Académie française définit la famille comme l'« ensemble de personnes unies par l'hérédité ou par alliance ». Puis : « communauté de personnes vivant généralement sous le même toit, composée du père, de la mère et des enfants. » La « famille nucléaire » est cette base : un père, une mère et leur(s) enfant(s). Lieu de vie, la famille est le lieu de l'épanouissement, de la protection, de la bienveillance mutuelle, encouragée par l'Église catholique en France notamment, dans l'amour, osons le mot. Pourtant, ce schéma idéal ou initial, s'il a une aspiration universelle, est de moins en moins partagé.

Pour des raisons politiques, d'abord. Parce que le gouvernement de Vichy l'avait placé comme une valeur fondamentale, la famille, au lendemain de la Seconde Guerre mondiale, prendra le sens d'un conservatisme voire du capitalisme : on parlait encore des « 200 familles » pour désigner la richesse patrimoniale. Plus tard, dans les années 1970, le planning familial a supplanté la politique familiale : le premier met en place une action de contraception, d'avortements et de sensibilisation à la « cause des femmes », tandis que la seconde encourage l'éducation et l'enrichissement de la cellule familiale. La confusion des deux a terni davantage la notion de famille. Depuis, la politique familiale n'a cessé de connaître des hauts et des bas, et davantage de bas que de hauts quelle que soit la couleur des gouvernements, jusqu'à la loi Taubira de mai 2013 et ses corollaires, venus et à venir, le mariage dit « pour tous », l'adoption par les couples de même sexe, la gestation pour ou *par* autrui et la procréation médicalement assistée pour les couples de femmes, qui déconstruisent jour après jour la famille telle que connue jusqu'ici, et le droit familial.

En son temps, Napoléon Bonaparte, alors Premier consul, avait parfaitement saisi l'importance de la famille dans la cohésion nationale. Pour reconstruire le pays, il convenait de revaloriser la famille, qui avait perdu son rôle central. Cette refonte passait par une réglementation stricte du mariage et du divorce, dont les conditions, sous la Révolution, avaient été très largement assouplies.

Pour des raisons sociales, ensuite. Le sacro-saint « développement personnel » (autre expression de l'individualisme) place la personne avant la sauvegarde de la famille. Et pourtant, au moment du mariage, moment qui fonde la famille, l'article 212 du Code civil rappelle que les époux se doivent mutuellement fidélité et solidarité… Il ne s'agit pas tant d'une morale que d'une grammaire de la solidité.

Pour des raisons psychologiques, enfin. Affranchissement, émancipation, transgression, autant de facteurs qui poussent André Gide à lancer, dans

Les Nourritures terrestres, son tristement célèbre : « Familles, je vous hais ! Foyers clos ; portes refermées ; possessions jalouses du bonheur. » Il est évident qu'une famille peut parfois étouffer, ou devenir étouffante, avec ses codes, ses rites, une forme de hiérarchie reproduisant le droit d'aînesse, incitant à honorer des aïeux sans mérite…

Cet éloignement du rapport à la famille entraîne deux effets majeurs : la suspicion envers la famille comme un modèle idéal qui ne fonctionnerait plus et l'augmentation du nombre de familles monoparentales. Dans ses études, l'Insee souligne le fait que la principale origine de la monoparentalité provient de séparations après une union libre. « La proportion de familles monoparentales dans l'ensemble des familles est passée de 9,4 à 23 % entre 1975 et 2014, analyse le Centre d'observation de la société, selon les données du recensement de la population de l'Insee en 2014. Au total, on compte deux millions de familles de ce type qui, dans 82 % des cas, sont constituées d'une mère avec ses enfants. Les familles monoparentales rassemblent 3,4 millions d'enfants, soit 1,6 enfant en moyenne, la moitié d'entre elles étant composée d'un parent avec un seul enfant. » Près d'un quart des familles sont monoparentales, devenant non un modèle, mais quasi une norme, venant d'une rupture, d'une blessure, d'un projet de vie avorté. Et la grande majorité des personnes en détresse sont hélas des mères célibataires.

La famille reste cependant un idéal et un besoin vital pour toutes les générations. Son importance n'a-t-elle pas été constatée à l'occasion de l'épidémie de la Covid-19, soit pour louer les liens familiaux en période difficile, soit pour regretter les séparations imposées, en particulier aux dépens de nos aînés ? À preuve également, les nombreuses revendications de personnes désireuses d'en fonder une en dehors des voies naturelles. Curieux comme les couples de même sexe, après avoir conspué la famille avec l'aide de partis et intellectuels de gauche, veulent vivre bourgeoisement : la chambre parentale et les enfants à côté. Cette revendication initialement de gauche, poussée par le lobby LGBTQ+, a tout de l'aspiration bourgeoise si décriée.

Réalité naturelle ou institution humaine, la famille subit une évolution qui s'accélère. Pour la transformer ou pour la détruire ?

Féminisme

Si les mouvements féministes datent des années 1960, le mot a été inventé en 1837 par l'utopiste Charles Fourier qui, par ses doctrines, entendait conduire les individus au bonheur. L'émancipation des femmes était pour lui la condition *sine qua non* de la réussite de son projet. L'Académie française – qui s'opposa longtemps à l'arrivée des femmes sous la Coupole – est concise : « Mouvement revendicatif ayant pour objet la reconnaissance ou l'extension des droits de la femme dans la société. »

Mais que d'encre a coulé sur ce mouvement, ses revendications, sa reconnaissance, ses droits, voire le changement de la société qui renvoie au temps des Amazones ! Que de confusions aussi, entre la protestation identitaire et la redéfinition anthropologique de la femme ! Car au fondement du mouvement est la doctrine qui prône l'égalité des hommes et des femmes :

égalité des droits, cela va sans dire puisque les hommes naissent et demeurent égaux en droits, selon l'article premier de la Déclaration des droits de l'homme et du citoyen, mais égalité en tous points comme s'il fallait gommer les différences, quitte à évoluer vers un troisième sexe.

Le féminisme a regroupé de belles figures de militantes, des héroïnes de la cause qui se sont battues contre les préjugés, les raideurs de l'administration et l'incompréhension du pouvoir exercé par des hommes. Il est un contre-pouvoir essentiel pour un meilleur partage. Pour rappel, les femmes ont dû attendre une loi de 1965 avant de pouvoir, sans l'accord de leur mari, travailler et ouvrir un compte en banque à leur propre nom.

Toutefois, les revendications restent multiples et se diluent dans une guerre des sexes qui dépasse l'extension des droits pour devenir une protestation identitaire parfois des plus violentes. Les Femen, venues d'Ukraine, relèvent moins du féminisme que du révolutionnaire. Le féminisme se décline en radical, socialiste, libéral, différentialiste, prosexe, insurrectionnel… Comment le prendre au sérieux ? Alors que le combat est fondamental quand la charia interdit aux filles de suivre des études, quand certains pays ne donnent toujours pas le droit de vote aux femmes, quand des femmes sont réduites à l'esclavage parce qu'elles sont femmes. Ce féminisme extrême semble vouloir transformer l'homme en femme, effacer la distinction des rôles et des univers ou, quant à faire, détruire l'héritage judéo-chrétien.

Il y a d'ailleurs de quoi s'étonner de la virulence des revendications en Occident alors que de hauts postes sont occupés par des femmes : la chancelière allemande (Angela Merkel), la présidente de la Banque européenne (Christine Lagarde), la présidente de la Commission européenne (Ursula von der Leyen)… Les femmes représentent 40 % des parlementaires en France. Elles occupent des places jadis réservées aux hommes : élus politiques, chirurgiens, juges, chefs d'orchestre, ministres, avocats, routiers, etc.

Il y a alors de quoi s'inquiéter. Car si l'égalité des droits entre les deux sexes est une nécessité, les mâles humains ne peuvent pas être non plus pointés du doigt de tous les maux des femmes. « Le problème fondamental des féministes postmodernes, commente la sexologue et essayiste Thérèse Hargot dans une tribune du *Point* le 13 octobre 2020, est de penser que les hommes sont responsables de la souffrance des femmes et de leur situation au sein de la société. Chacun de leurs défauts ou graves manquements au respect des femmes est alors monté en épingle pour prouver leur culpabilité. Elles se pensent victimes d'une domination masculine et agissent en fonction de cette grille de lecture manichéenne, infantile. »

Les mouvements #MeToo ou #BalanceTonPorc liés à l'affaire Weinstein (novembre 2017), s'ils libèrent la parole dans le cadre de viols, ont contribué à l'émergence de revendications féministes les plus insensées, confondant commerce sentimental, compliments et harcèlements. « Le féminisme revanchard, poursuit Thérèse Hargot, vengeur et justicier, nous condamne à percevoir dangereusement les relations entre les hommes et les femmes, à être en perpétuelle alerte. Et la peur, justement, provoque l'agressivité. Ce pseudo-féminisme ne produit rien d'autre qu'une surenchère de violence. La vengeance ne résout rien, jamais. C'est pourquoi la justice existe. »

Cette dérive castratrice incite la ronde amoureuse ou la quête de l'âme sœur à se translater de l'espace public aux sites de rencontres. On s'écarte peu à peu de la relation naturelle qui pourrait lier les êtres pour un lien consenti, fugace parfois, validé de part et d'autre. Le féminisme castrateur, loin de chercher l'harmonie entre les sexes, risque d'instrumentaliser toute relation, omettant l'amour pour le remplacer par des manipulations informatiques, numériques, biologiques, génétiques... Ce féminisme monte les femmes contre les hommes et victimise les femmes, et c'est en victimisant qu'on finit par créer de réelles victimes.

En 1983, Françoise Giroud, quelque peu provocatrice, disait : « La femme serait vraiment l'égale de l'homme le jour où, à un poste important, on désignerait une femme incompétente. » Certes. Mais l'ultime marqueur de la différence des sexes reste la guerre. Même s'il y a de plus en plus de femmes dans l'armée, et parfois même sur le front, on pourrait dire que le féminisme aura vraiment gagné quand on enverra des femmes et uniquement des femmes sur le champ de bataille pendant que les hommes resteront « à la maison » pour les tâches ménagères et l'éducation des enfants...

Genre

Employer aujourd'hui ce mot est une des meilleures façons de susciter un débat houleux. La chose est nouvelle, car, il y a encore quelques décennies, parler de « genre » revenait à désigner une catégorie, un type, une espèce, selon l'acception première du terme, ou un groupement grammatical. Cela pouvait également recouvrir une catégorie d'œuvres ayant des caractères communs, voire une façon de vivre comme avoir « un genre de vie ». Beaucoup de sens en somme. L'étymologie laisse clairement peu de place aux modes, le mot est emprunté du latin *genus, generis*, « naissance, race, famille, espèce, sorte », dérivé de *gignere*, « engendrer », des racines synonymes de stabilité (race, famille) et de continuité (espèce). Ainsi, on peut considérer que le genre est très directement lié au sexe de la personne.

La théorie du genre née aux États-Unis, la *gender theory*, est une thèse (en sociologie) qui tend à expliquer que la construction de l'identité sexuelle s'opère à partir de facteurs non biologiques. Elle insiste sur l'opposition nature/culture et son but idéologique est d'entretenir une confusion entre les réalités sexuelles. En résumé, le masculin comme le féminin serait « fabriqué ». Pascal Huguet, docteur en psychologie et directeur de recherche au CNRS, explique sur son blog du HuffPost, en octobre 2016 : « Il ne s'agit pas de nier les différences biologiques entre hommes et femmes, mais de dévoiler l'origine éminemment sociale et donc le caractère en réalité arbitraire de l'inégalité des sexes dans de multiples domaines. » Au moins est-ce plus clair, pas encore réellement convaincant, mais plus abordable.

Les « progressistes », ou tenants de la théorie du genre, diront que celui-ci est culturel, une « construction sociale », et qu'il ne doit en aucun cas être lié au sexe ou à l'identité sexuelle, qui peut être différente. On peut en effet être de sexe masculin par les organes génitaux, mais de genre neutre et d'identité sexuelle féminine.

Ils appuieront leurs arguments en recourant à l'histoire et à la sociologie. Les hommes romains et grecs étaient en toge, tenue reconnue féminine aujourd'hui et impensable pour les hommes. Tout est une question de culture et de mode selon les époques, indépendamment du sexe. Les petits garçons jouent à la voiture ou à la guerre, les petites filles à la poupée parce que ces associations, construites très tôt au cours du développement mental, conduisent à la structuration d'une « identité sexuelle ». Ce qui revient à dire qu'on se perçoit soi-même comme étant de genre masculin ou féminin, ce qui favoriserait, une fois atteint l'âge adulte, la reproduction de certaines inégalités, de discriminations, voire l'accès à certaines professions ou certains statuts. La « maternité » – sans mauvais jeu de mots ! – de cette idée revient à Simone de Beauvoir et à son célèbre : « On ne naît pas femme, on le devient » qui, depuis une soixantaine d'années, a généré nombre de « constructions genrées », puis les recherches consacrées aux « études de genre », dont la première est due à la philosophe américaine Judith Butler. Il s'agissait donc de mettre en évidence l'origine sociale et par conséquent le caractère arbitraire de l'inégalité des sexes dans de multiples domaines. Évidemment, cette approche suppose une transversalité des disciplines abordées : philosophie, histoire, littérature, anthropologie et même neuroscience.

Des universitaires, comme Anne-Emmanuelle Berger, directrice de l'Institut du Genre au CNRS, affirment, dans *Le Point*, en février 2014, qu'il n'y a pas de théorie du genre, mais « des tentatives de description, dans un champ de recherche scientifique qui existe depuis soixante ans, de la distinction entre sexe et genre. Il y a d'une part le sexe, défini par des caractéristiques biologiques – génétiques, chromosomes, hormones – et d'autre part, le genre qui relève de la construction sociale », sans rapport nécessaire entre les deux. Les partisans de l'ordre naturel des choses s'en tiennent au fait qu'une personne de sexe masculin sera d'identité sexuelle masculine et de genre masculin et suivra des habitudes culturelles qu'il convient d'admettre, quoiqu'elles puissent parfois évoluer.

Le 3 octobre 2016, le pape François s'exprimait devant les journalistes dans l'avion qui le ramenait à Rome après trois jours dans le Caucase. *Le Journal du dimanche* rapportait ses propos : « Pour le chef de l'Église catholique, “avoir des tendances homosexuelles ou changer de sexe est une chose”, mais “faire un enseignement dans les écoles sur cette ligne” en est une autre. Il s'agit là d'une volonté de “changer les mentalités”, d'une “colonisation idéologique”, a estimé le pape, qui avait dénoncé samedi à Tbilissi la “théorie du genre” comme l'un des aspects d'une “guerre mondiale pour détruire le mariage”. » Et il dénonçait un « sournois endoctrinement à la théorie du genre » au travers des manuels scolaires des élèves français… C'est dire le degré de confusion qui touche aujourd'hui, plus encore qu'hier, la grammaire, avec l'emploi de l'écriture inclusive, le statut des personnes à l'identité sexuelle indécise, la culture transgenre, voire le « parent A ou B » désigné désormais dans le livret de famille afin « d'éviter tout fantasme ségrégatif et genré ». Beaucoup y voient, non sans raison, l'influence de lobbies très actifs qui n'ont pour but que de déstabiliser sinon de détruire les fondements de la civilisation judéo-chrétienne, nier la famille dite « traditionnelle » et l'appartenance à un genre déterminé, et ce au nom d'un égalitarisme qui, dans les faits, ne veut que privilégier une caste au détriment des valeurs et des codes chers au plus grand nombre en imposant des modifications substantielles du droit et de la société.

Homme et femme

L'Académie française distingue l'homme de la femme par le sexe. L'homme : « Être humain mâle adulte, distingué par des caractères individuels. » La femme : « Être humain défini par ses caractères sexuels, qui lui permettent de concevoir et de mettre au monde des enfants. » La différence sexuelle – parlons de « complémentarité sexuelle pour la reproduction » – n'aurait jamais dû engendrer d'inégalités comme on l'a vu dans l'Histoire et comme on le voit encore.

L'Ancien Testament insiste sur cette égalité : « Dieu créa l'homme à son image, à l'image de Dieu il le créa, homme et femme il les créa », selon le livre de la Genèse. L'homme et la femme ont été conçus égaux dans leur humanité, pourvus de la même dignité personnelle, mais avec une relation d'homme et de femme essentielle et profonde. Le second récit de la création confirme sans équivoque l'importance de la différence sexuelle. Celle-ci, n'impliquant aucune inégalité, est un élément constitutif de l'être de l'homme et de la femme.

Comme chez tous les mammifères, l'humanité est composée de mâles et de femelles dont l'union sexuelle permet la reproduction. Le mâle féconde, la femelle porte, accouche et nourrit le nouveau-né. Ce partage de rôle imposé par la nature elle-même a des incidences comportementales, psychologiques, sociales. Réalités pour les uns, poncifs pour les autres : l'homme protège, la femme materne ; l'homme chasse, la femme cuisine, etc. Il est certain que, complémentaires sexuellement, l'homme et la femme le sont aussi psychologiquement. L'énorme succès du livre de John Gray, *Les hommes viennent de Mars, les femmes de Vénus*[1], vient de l'effet miroir qu'il a procuré : au-delà d'un certain nombre de clichés, tout le monde s'y est retrouvé. Certes, les comportements différents des hommes et des femmes ne sauraient être réduits à des causes purement biologiques. Les attentes sociales des unes et des autres entrent en compte.

Ces travers trouvent parfois leur fondement dans la religion. Une lecture mal comprise, par exemple, de la Première Épître aux Corinthiens de saint Paul, peut conduire à une mauvaise interprétation : « Le chef de la femme, c'est l'homme [...] L'homme ne doit pas se voiler la tête : il est l'image et la gloire de Dieu ; mais la femme est la gloire de l'homme. Car ce n'est pas l'homme qui a été tiré de la femme, mais la femme de l'homme. » Interprétation délicate car plus loin saint Paul précise que « dans le Seigneur la femme n'est pas sans l'homme, ni l'homme sans la femme. En effet, de même que la femme a été tirée de l'homme, de même l'homme vient au monde par la femme, et tout cela vient de Dieu. »

Il n'empêche que la différence est là, au moins sur le plan naturel, sexué. L'homme peut-il ressentir l'orgasme féminin ? De même, le regard ou la compréhension d'une mère sur le monde ne diffèrent-ils pas du regard ou de la compréhension de celui qui jamais n'accouchera ?

Les féministes extrêmes veulent « libérer la femme de l'esclavage de la reproduction », selon Margaret Sanger. Grave erreur qui consiste à nier la grandeur de la maternité ou à libérer la femme de la maternité, pour tenter d'en faire, mais à tort, l'égale de l'homme.

1. Michel Lafon, 1999.

On a même l'impression que dans notre société occidentale, où règnent le progressisme et l'individualisme, ainsi que l'idéologie du genre, l'homme, pour s'excuser de ses fautes passées (machisme, domination...), doit finalement devenir une femme, une femme comme les autres. Au nom de l'égalité, la société occidentale nie de plus en plus cette différence entre l'homme et la femme.

Toutefois, on peut être mal dans son identité sexuelle comme on est mal dans sa peau, sentir de l'attirance physique pour des personnes du même sexe. Ni déviance, ni maladie, ni handicap – peut-être une blessure selon certains, ce changement d'orientation par rapport à la quête d'une complémentarité sexuelle doit trouver une harmonie personnelle et un apaisement des tensions. La société le permet désormais en acceptant la relation de deux personnes de même sexe. Tout ce qui favorise un épanouissement personnel, ou l'exercice de la liberté humaine responsable, est à encourager. Sans pour autant transformer profondément la société en institutionnalisant le mariage pour tous et en ouvrant les vannes des moyens de procréation aux couples de même sexe.

L'orientation sexuelle, bien qu'ayant une incidence sociale, est du domaine du privé. Elle ne peut être une protestation identitaire bien qu'elle façonne la personnalité. Or, les revendications des LGBTQ+ constituent une tour de Babel, maquillée des artifices de pensées extrêmes visant à dénoncer un « ordre » qui n'est que celui de la nature.

Le XXIe siècle verra-t-il naître un troisième sexe, hybride d'homme et de femme, capable de s'autoreproduire ? Ce serait la négation des différences, une forme de communisme sexuel ou génétique, permettant la procréation sans sexe, sans contact ni partage. Et la négation de l'humanité constituée de ces deux faces d'une même pièce de valeur.

Humain (corps, esprit, âme)

Que suppose être homme ? Ou plutôt, devrions-nous dire : Que signifie le fait d'être un humain ? La question peut paraître évidente ; jamais elle ne le fut. Longtemps, du moins à partir des Grecs anciens, l'homme était compris comme un « assemblage » : il était matière et esprit, corps et âme. Pour le sophiste Protagoras, dans *De la vérité*, « l'homme est la mesure de toute chose », formule que Platon reprend dans son dialogue *Théétète*. Avec le christianisme, il est aussi et d'abord « créature », œuvre de Dieu qui l'a fait à son image, fils de Dieu et par Adam s'instaure une communauté d'origine et de destin qui fonde l'idée même de fraternité au-delà de l'humanité.

L'essence de l'homme, son être même, est saisissable par la raison, la conscience, la réflexion et devient une connaissance. Il sait ainsi la singularité de son être et de sa nature, ce qui le distingue des (autres) animaux… Et cette affirmation devient, avec Montaigne par exemple, une conviction qui permet de mieux saisir non seulement sa qualité, mais aussi l'appel qui est en lui : « Deviens ce que tu es. » Ce qui est possible, car « chaque homme porte en lui la forme entière de l'humaine condition ». Pour Montaigne, l'homme n'est pas que nature, il est aussi culture, fruit d'une culture et créateur d'une culture.

Son existence, selon la célèbre formule, précède son essence, ce qui induit qu'il n'est pas conforme à sa nature. Il est, puis décide d'être tel ou tel par un acte de liberté… Ce qui ne signifie pas qu'il n'y ait pas de limite à cette liberté.

Au fil des siècles, il est devenu un objet de sciences dites « humaines », ensemble de disciplines complémentaires dont le gain est d'abord de mieux connaître les déterminismes auxquels il est soumis en tant que partie de la Nature. Mais cette approche ne résout en rien la nature de son essence, bien au contraire, et les sciences humaines ont fini, à en croire Isabelle Mourral[1], par « nous faire abandonner la croyance en la réalité substantielle du *moi* : "nœud d'événements sans substrats", selon Claude Lévi-Strauss ».

L'homme est-il un animal raisonnable ? Un animal politique, social ? religieux ? Un « roseau pensant » pour reprendre Blaise Pascal ? Une unité du corps et de l'âme ? Une liberté pure soumise à des pressions, un être de désir prisonnier de ses pulsions ? Un être neuronal, amas de molécules, pur produit d'un déterminisme donc sans causalité ? Chacun répondra en fonction de sa culture… Mais cela n'éclaire en rien la réalité de sa nature ni de son essence. Qu'il soit un corps et rien d'autre, la tentation de le dire est souvent le résultat du matérialisme ambiant. Loin, très loin de l'affirmation de Descartes : « Je suis. Mais qu'est-ce donc que je suis ? – Une chose qui pense, c'est-à-dire qui doute, qui conçoit, qui affirme, qui nie, qui veut, qui ne veut pas, qui imagine aussi et qui sent. »

Platon, dans *Timée*, avançait une conception plus « poétique » : « En vertu de son affinité avec le ciel,

1. *Le Sens des mots : réflexion sur les embûches et les perversions du langage*, *op. cit.*

cette âme, notre génie, nous tire loin de la terre, car nous sommes une plante, non point terrestre, mais céleste. » Le monde judéo-chrétien sera durablement marqué par cette approche, mais aussi toutes les grandes philosophies : l'idée commune est celle du dualisme, l'homme est corps ET âme, mortel par son corps, immortel par son âme, et « pour penser la mort de l'âme, poursuit Isabelle Mourral, il faut faire de la vie spirituelle, une fonction du corps ».

L'âme ne s'use pas… mais qu'est-elle ? Un principe de vie ? Une fonction ? Aristote, qui en fit le sujet principal de son œuvre *De l'âme*, pensait que l'âme intellectuelle seule – celle des hommes – était immatérielle et immortelle, contrairement à celle des végétaux ou des animaux. Âme est un mot qui suppose une signification globale : souffle de vie (la *psukhê* des Grecs), vie mentale, vie spirituelle et morale. Esprit est plus intellectuel. Il y a dans « âme » un souffle plus subtil, transcendantal, alors qu'« esprit » s'attache à la pensée, au jugement, à la moralité. Mais ces deux réalités ne sont pas distinctes, elles expriment une même réalité par deux mots différents, et disent une unité intime. Les matérialistes – comme Paul Henri Dietrich, baron d'Holbach, au XVIIIe siècle – voulurent éliminer cette « donnée », sous prétexte qu'elle échappait à toute constatation expérimentale : comme nous n'avions pas d'âme, nous n'avions nul besoin de nous soucier de la sauver !

L'influence des études de psychologie a achevé le travail de sape en réduisant le lien corps/âme à un rapport entre le mental et le cerveau, et l'idée même d'âme est tombée en discrédit. Henri Bergson coupa court aux matérialistes en revenant au témoignage de l'expérience intérieure comme possédant une indéniable valeur de fait : spiritualité de l'âme et liberté sont des « données immédiates de la conscience ».

Preuve en est qu'il suffit d'un ajustement pour réduire à néant les tentatives répétées d'animalisation de l'homme ou de réduction de son être à une simple réalité physique. N'empêche que l'essor du transhumanisme et la volonté de créer un homme « augmenté » attestent de la pauvreté d'une espérance uniquement fondée sur une amélioration des capacités et non de son humanité... Le « surhomme » des nazis était dépourvu de toute humanité, et penser à cette limite doit nous engager chaque jour davantage à ne pas vendre notre âme pour une poignée d'illusions stériles.

Mariage

Le concept de mariage, universellement entendu jusqu'au début du XXIe siècle comme l'union légitime d'un homme et d'une femme actée publiquement devant un représentant de l'autorité, remonte à des temps ancestraux pour garantir la reconnaissance de paternité. Avant même d'être un sacrement de l'Église à partir du concile de Trente en 1563, il reposait depuis le XIIe siècle sur la notion de couple, issu du latin *copula*, lien, chaîne, étendue au XVIIIe siècle à l'union reproductive d'un mâle et d'une femelle chez les animaux. D'ailleurs, le mot français « matrimonial » garde la trace du mariage latin, le *matrimonium*, qui a pour objet de rendre une femme mère (*mater*), dans la lignée de *patrimonium*, patrimoine.

Cette institution que l'on croyait, peut-être naïvement, gravée dans le marbre pour l'éternité, connut un premier coup de boutoir en 1999 avec l'instauration du pacte civil de solidarité (Pacs), un acte purement administratif, délivré en préfecture et non en mairie, créant une deuxième forme d'union civile après le mariage. Le législateur aurait sans doute dû le « cérémoniser », l'officialiser, pour lui conférer une portée sociale. Comme il n'en fut rien, la communauté homosexuelle, notamment, chercha à transformer ce lien pour le hisser à hauteur du mariage : le « mariage pour tous », second coup de boutoir porté à l'institution. Tout s'est passé comme si l'omission de la portée sociale du Pacs allait dévoyer le sens du mariage, rogner sur celui de la famille et mettre à mal ce qui en découle : l'enfant.

Lionel Jospin, Premier ministre lors de l'élaboration du Pacs, ne s'était pas trompé, lorsqu'il écrivit le 16 mars 2004 dans *Le Journal du dimanche* : « L'union d'un homme et d'une femme renvoie non pas à une inclination sexuelle, mais à la dualité des sexes qui caractérise notre existence et qui est la condition de la procréation et donc de la continuation de l'humanité. » Et d'ajouter : « Quant à l'enfant, il n'est pas un bien que peut se procurer un couple hétérosexuel ou homosexuel, il est une personne née de l'union – quelle que soit la modalité – d'un homme et d'une femme. Et c'est là que renvoient le mariage et aussi l'adoption. Aux caractères du mariage, on peut préférer le célibat, le concubinage et désormais le pacte civil de solidarité que mon gouvernement a instauré. On peut respecter la préférence amoureuse de chacun, sans automatiquement institutionnaliser les mœurs. »

Reprenons des évidences : en général, on se marie pour avoir des enfants. Car le mariage scelle la famille, organise la filiation (qu'elle soit naturelle ou par adoption), et relève d'un choix de vie. Or, le législateur ne peut intervenir pour définir le sentiment, pour légiférer sur l'amour. Avec le Pacs, les questions de transmissions patrimoniales, d'héritage, de reconnaissance des biens acquis en commun, toutes légitimes, semblaient être réglées. Il évitait de toucher, pour le transformer, au concept de mariage.

Mais, se basant sur les valeurs fondatrices de la République, la liberté et l'égalité, laissant entendre que certaines personnes étaient exclues du mariage, la loi du 17 mai 2013 serait venue mettre fin à une injustice insoutenable. Or, il va de soi que cette soi-disant « ouverture » du mariage pose toujours certaines conditions à la liberté de contracter mariage. Qui osera prétendre que, en dépit de son « ouverture » aux couples de même sexe, le mariage est réellement ouvert à « tous » ? Qu'en est-il de l'interdit fondamental, du « tabou » de l'inceste ? Qu'en est-il de l'âge minimum requis par la loi ? Qu'en est-il de l'impossibilité d'épouser une personne déjà mariée ? Derrière un slogan ouvert et généreux, on assiste encore à une manipulation des esprits, à une tromperie langagière qui ne dupe personne, ou presque. Lors du débat au Sénat le 8 avril 2013, le sénateur et ancien Premier ministre Jean-Pierre Raffarin le faisait justement remarquer aux partisans du « mariage homosexuel » : « Vous transformez d'abord les mots sur le plan sémantique. Plusieurs d'entre nous ont d'ailleurs saisi l'Académie française, puisqu'elle est la garante du bon usage des mots. L'article 2 de notre Constitution précise en outre que le français est la langue de la République. Or, dans notre langue, aujourd'hui, selon l'Académie française, le mariage est l'union légitime d'un homme et d'une femme. »

D'autres évidences : le mariage, au sens juridique, n'est pas et n'a jamais été la reconnaissance sociale d'un amour : l'amour ne justifie pas le mariage et le mariage, civil ou religieux même, ne nécessite pas l'amour comme condition. D'ailleurs, jusqu'au XXᵉ siècle, le mariage d'amour reste une exception : il répond à des préoccupations patrimoniales (chez les aristocrates et les bourgeois) ou de survie (chez les plus pauvres) plus que sentimentales, ainsi que le rapportait Edward Shorter dans la *Naissance de la famille moderne*[1]. Il suffit de relire les grands romans du XIXᵉ siècle, miroirs de leur époque. De même que le droit n'a pas à se soucier des sentiments ni à entrer dans la chambre à coucher ; la loi n'a pas à donner un statut public à une relation affective et/ou sexuelle. La sexualité d'une personne relève de sa sphère privée et n'a pas à dicter les grandes orientations de notre société. Enfin, l'enfant n'a pas à faire les frais de la « modernité ».

Et si tout être humain a besoin d'un homme et d'une femme pour naître et, osons le dire, se construire, il n'est pas illogique, dans un souci d'assurer les meilleures conditions d'un renouvellement des générations, de réserver le mariage (cadre légal organisant la vie d'un couple et des enfants) aux couples de personnes de sexe différent (dont seule l'union permet la filiation sans artifice). Il ne s'agit pas de dévaloriser l'histoire et les sentiments de « couples homosexuels », mais de garder à chacun la possibilité de s'épanouir sans avoir à confondre les rôles. Réserver le mariage à deux personnes de sexe différent n'est pas une inégalité envers les homosexuels, mais le résultat d'une différence au regard de la procréation. La relation homosexuelle ne

1. Seuil, coll. « Points », 1981.

permet pas d'engendrer ; pourquoi la société, alors, autoriserait-elle l'adoption, voire la « fabrication » d'enfants (par PMA ou GPA) ? Le droit aurait-il pour dessein de corriger la création et d'installer les individus dans un « comme si » ? À toujours vouloir nous affranchir, ne risquons-nous pas de nous dénaturer nous-mêmes ?

Et sans doute faut-il rappeler sans cesse cette vérité première qui, à notre sens, ne changera jamais dans la conscience ou l'inconscience humaine : le mariage est le lieu de la rencontre de l'homme et de la femme ; il est basé sur la vérité anthropologique que l'homme et la femme sont différents et complémentaires, la vérité biologique que la reproduction humaine nécessite l'union sexuelle d'un homme et d'une femme et la réalité sociale selon laquelle un enfant mérite une mère et un père. Si d'autres formes d'unions peuvent exister, elles n'ont pas vocation à s'appeler « mariage » ou à conduire à une « parodie de mariage », selon les mots de Jacques Chirac lors de l'entretien télévisé du 14 juillet 2004, et encore moins à fonder un quelconque droit à l'enfant.

Mort

La mort fascine autant qu'elle effraie. D'un point de vue scientifique, elle intervient à l'instant où le corps commence à se décomposer, moment où toutes les fonctions vitales sont arrêtées : le cœur, la respiration, le flux sanguin, les activités cérébrales, etc. Longtemps, la mort était constatée lorsque le cœur ne battait plus. En France, deux circulaires des 3 février 1948 et du 19 septembre 1958 retiennent comme critère de la mort l'arrêt de toute activité cardiaque. En 1968, la notion de mort encéphalique est introduite dans le droit. Un décret du 2 décembre 1996 (relatif au constat de la mort préalable au prélèvement d'organes, de tissus et de cellules à des fins thérapeutiques ou scientifiques) consacre la notion de mort cérébrale, identifiant formellement le cerveau comme le noyau de la subjectivité humaine.

Une anecdote macabre, mais destinée à mieux comprendre les enjeux d'une définition précise de la mort. En novembre 1763, l'abbé Prévost, l'auteur de *Manon Lescaut*, est frappé d'apoplexie dans la forêt de Chantilly. Comme le voulait la coutume de l'époque, il fut autopsié par ordre de la justice, pour connaître les raisons du décès. Au premier coup de scalpel, l'abbé poussa un cri et mourut pour de bon, l'outil du praticien ayant causé trop de dégâts. Durant les XVIIIe et XIXe siècles, et en raison de nombreux témoignages, la crainte généralisée d'être inhumé vivant, la taphophobie, était prégnante, plus effrayante que la mort elle-même. C'est ainsi que par peur, Chopin avait expressément demandé que son cœur lui soit retiré à sa mort.

L'arrêt de la vie biologique est un scandale pour toute personne consciente. La mort, phénomène naturel, que tout humain vivra, reste un mystère, une question qui se pose souvent tout au long de la vie. Que se passe-t-il lors de la mort ? Nous n'en savons rien. Et nous n'en saurons jamais rien. Les seules réponses sont des suppositions, des conjectures, des actes de foi. L'évangéliste saint Jean, dans sa première lettre, avoue : « Nous ne savons pas clairement ce que nous serons. » Si néant il y a, la mort serait comme une anesthésie générale sans douleur ni conscience ni pensée. Pourquoi la craindre, si l'on ne sent absolument plus rien ? En revanche, si la mort ouvre sur une nouvelle vie ou une vie renouvelée, il y a de quoi s'interroger.

Quand Platon fait dire à Socrate que « philosopher, c'est apprendre à mourir », il suppose que la réflexion permet d'ouvrir toutes les possibilités et de placer sa propre vie dans la discipline (éthique) des réponses que nous pourrions trouver. Ainsi, la mort donne-t-elle sens à la vie.

L'académicien François Cheng nous invite à « envisager la vie à la lumière de la mort[1] » ; et le moine bouddhiste Matthieu Ricard suggère de méditer la mort pour mieux apprécier la valeur de chaque instant de vie, car « la manière dont on envisage la mort influence considérablement la qualité de la vie[2] ». Marc Aurèle, dans *Pensées pour moi-même*, recommandait déjà de « tout faire, tout dire et tout penser en homme qui peut sortir à l'instant de la vie ».

Et pourtant, notre société cache la mort et préfère l'omettre plutôt que de la placer dans la vie commune. Pour des questions sanitaires, il est interdit de procéder à des soins funéraires à domicile, comme c'était le cas autrefois. Il n'y a pas si longtemps, mourir à l'hôpital était un signe de pauvreté et de solitude. Récemment, à l'occasion de la pandémie de la Covid-19, les cadavres étaient placés dans des housses hermétiques et immédiatement mis en bière. Pas d'hommage, pas de pompe ni de gestes d'affection ou de dernier adieu. Un corps mort relevait alors du déchet organique. Chaque jour, les médias annonçaient le nombre de morts de

1. *Cinq méditations sur la mort, autrement dit sur la vie*, *op. cit.*
2. *L'Art de la méditation*, NiL, 2008 ; Pocket, 2010.

la journée, sans que l'on vît dans les rues des embouteillages de convois funéraires…

Voulant prendre son destin en main, l'homme croit pouvoir décider de sa propre mort par suicide assisté. Ou bien avec l'euthanasie, vouloir « mourir dans la dignité ». Mais de quelle dignité parle-t-on ? Un homme, même affaibli et dépendant, n'en demeure-t-il pas digne ?

Au-delà du suicide et de l'euthanasie, deux autres formes de vertiges devant la mort ne manquent pas de questionner.

Le transhumanisme concentre des investissements considérables pour dépasser la mort, la reculer, bien sûr ; l'arrêter évidemment. Il est notable que plus les religions s'éteignent, plus la pensée recule et plus le transhumanisme se développe, comme si la foi en la science transcenderait l'homme. Mais à vouloir tout dominer, dans la veine de Prométhée, l'homme contemporain perd le sens de la vie. Le pape Jean-Paul II prévenait déjà : « L'homme s'érige "en maître de la vie et de la mort". En réalité, il en est l'esclave sans même s'en rendre compte, car il est vaincu par une mort irrémédiablement fermée à toute perspective de sens et à toute espérance et la mort est même devenue un principe fondateur de notre culture actuelle. »

Les expériences de mort imminente se révèlent si nombreuses qu'elles trouvent moins de contestations scientifiques, même si rien ne peut être prouvé. De quoi s'agit-il ? De témoignages d'hommes et de femmes qui, dans le coma, ont vu et senti une lumière bienfaisante – ou malfaisante, ce qui est plus ennuyeux…, leur corps s'alléger et s'assouplir, leur esprit comme appelé dans une forme d'affection, quittant momentanément le corps inerte. Expérience de l'au-delà ? Le film *Thanatos, l'ultime passage* en présente d'émouvants témoignages.

Il fut un temps où l'on vivait avec la mort, elle faisait partie du quotidien. Mortalité infantile, maladies, épidémies, guerres… Il y a plus d'un siècle, les hommes et femmes mouraient jeunes pour la plupart. L'écrivain Bernard Le Bouyer de Fontenelle, mort à quatre-vingt-dix-neuf ans et onze mois en 1757, faisait figure d'exception. Dans les années 1830, le Père Goriot est décrit par Honoré de Balzac comme un vieillard de… soixante-neuf ans ! La mort était omniprésente, faisant partie de la vie comme un membre de la famille. Mais, plus les progrès de la médecine avancent, moins la mort est acceptée comme une réalité inéluctable.

La mort se fait de plus en plus abstraite. Si elle est omniprésente à la télévision ou au cinéma à travers crimes, meurtres en tout genre, elle est reléguée dans les funérariums où la pompe funèbre est remplacée par un simple « accueil des familles ». Le deuil ne se montrant plus, il n'attire plus les solidarités et les condoléances, omettant ainsi le lien social le plus fort, car le plus humain.

L'homme « moderne », celui qui a perdu le sens de la spiritualité, celui qui ne croit pas ou plus, ne prend même pas le temps de s'interroger sur la mort. Et pourtant, il devrait faire sienne cette réflexion de François Cheng, pleine de bon sens : « Regarder la mort en face et l'accepter comme partie intégrante de la vie, c'est élargir cette vie. À l'inverse, sacrifier dès maintenant à la mort un morceau de cette vie, par peur de la mort et refus de l'accepter, c'est le meilleur moyen de ne garder qu'un pauvre petit bout de vie mutilée, méritant à peine le nom de vie. Cela semble un paradoxe : en excluant la mort de sa vie, on se prive d'une vie complète, et en l'y accueillant, on élargit et enrichit sa vie. » Autrement dit, vivre c'est aussi apprendre à mourir.

Père / Mère / Parents

L'homme est un mammifère venant de la fécondation d'un mâle et d'une femelle de son espèce. Ainsi, la relation sexuelle d'un homme et d'une femme engendre la vie. D'où la distinction naturelle entre père (homme, concepteur de l'enfant) et mère (femme, conceptrice et génitrice de l'enfant : « *Mater semper certa est* »). L'enfant vient de là.

Ce petit d'homme nécessite protection, nourriture, stabilité et accompagnement. Ses parents en sont les premiers responsables. En outre, ils ont le devoir de l'éduquer (*ex-ducere* : conduire hors de…) pour lui donner son indépendance de mouvements, pour qu'il apprenne à penser, à décider, à travailler, à vivre et à se reproduire. Le père et la mère se partagent ce rôle selon leurs compétences, leurs tempéraments, leur disponibilité. L'enfant reçoit et imprime, en lui-même, l'image de ses parents. Sans entrer dans la caricature, il perçoit d'instinct la force virile et la douceur féminine ; la voix grave et celle plus aiguë, mais plus intime pour l'avoir sentie dès le ventre de la mère. De fait, on ne choisit pas ses parents, on les reçoit.

L'Histoire a montré des expériences sociales qui séparaient les enfants de leurs parents pour qu'ils évoluent uniformément. Cela n'a jamais fonctionné : pour vivre son présent et se projeter dans le futur, l'être a besoin de ses racines, de son passé, de ses origines. Les parents constituent donc la première et décisive relation sociale, dont la qualité dépend d'eux-mêmes. Des parents violents engendreront la violence ; des parents indifférents développeront solitude, isolement et sentiment d'injustice.

L'enfant se construit par comparaison et par opposition. Généralement, le garçon se place en compétition envers son père, tandis que les relations fille-mère sont parfois plus complexes. L'enfant s'opposera à l'autorité pour s'affirmer ; il grandit. Les déceptions qu'il peut causer sont souvent corrigées par l'effet d'appartenance à une même cellule et simplement par l'amour instinctif et viscéral des parents pour leur progéniture.

La nature impose ses lois. Nos lois peuvent-elles la corriger ? Dans quels buts ? L'idéologie du genre veut effacer la différence père/mère. D'ailleurs, on parle désormais de Parent 1 et Parent 2 sur certains documents administratifs, depuis l'instauration du mariage dit « pour tous ». Idée que l'être humain nie sa propre nature et décide qu'elle ne lui ait pas donnée – par Dieu, la Nature ou le hasard –, mais que c'est lui-même qui se la crée, ou pire, qu'il refuse de la suivre et d'en assumer la joie ou la peine. Pire encore : de nos jours, la filiation qui nous fait dépendre d'un père et d'une mère devient une entrave à la plénitude de la liberté. Idée qu'on ne doit rien recevoir de personne, pour ne rien devoir à personne. C'est l'individualisme poussé à l'extrême.

De même que l'on perçoit un trouble dans la définition de la mère, qui pour certain n'est plus forcément celle qui met au monde. Le projet de loi Bioéthique discuté au Parlement en 2021 prévoit ainsi, dans le cadre de la PMA dite « pour tous », que la mère n'est plus forcément celle qui accouche. Auquel cas, pourquoi alors ne pas prétendre que le père puisse aussi être une femme ! Plaisanterie ? Malheureusement non ! « Votre problème, c'est que vous croyez qu'un père est forcément un mâle », répondit Emmanuel Macron, lors d'une réception organisée à l'Élysée le dimanche 26 janvier 2020 pour les trente ans de la Convention internationale des droits de l'enfant, à un invité qui s'étonnait du paradoxe consistant à célébrer les droits de l'enfant tout en faisant voter, « en même temps », une loi Bioéthique prévoyant l'extension de la PMA aux couples de femmes, privant irrémédiablement l'enfant du droit d'avoir un père. Si Emmanuel Macron considère qu'un père n'est pas forcément un homme, c'est donc qu'il peut être une femme !

Un jour, notre société sera redevable et comptable d'avoir nié le rôle et le statut des parents, père et mère, pour avoir répondu aux aspirations identitaires d'une minorité.

Procréation, PMA et GPA

Procréation médicalement assistée et gestation pour autrui, communément réduits aux sigles PMA et GPA, sont depuis quelques années devenues des sujets de discorde et plus encore des enjeux politiques lourds de conséquences, non seulement pour le droit, mais pour l'avenir même de notre société.

Jusqu'à récemment, une femme féconde mettait au monde un ou des enfants, du moins si tel était son souhait ; une femme inféconde ou stérile n'en mettait pas au monde et se faisait une raison ; elle pouvait, si son « besoin d'enfant » était irrépressible, adopter, même si la démarche n'était pour le moins pas facile. Enfin cela, c'était avant, avant que la science ne s'en mêle, pour le meilleur et pour le pire, et qu'on en vienne hélas à mélanger, sans en mesurer les enjeux, droit à l'enfant (ou envie...) et droits de l'enfant. L'évolution supposée des sociétés, qui pour certains n'est qu'un signe de décadence, engageait les « nouveaux couples » de même sexe frappés par la malédiction de ne pouvoir avoir une descendance à recourir aux avancées scientifiques et, parfois, aux apprentis sorciers qui allaient d'un coup régler leurs problèmes, sans se soucier des bouleversements que de telles résolutions supposent.

En fait, tout est lié : l'autorisation du mariage entre personnes de même sexe par la loi du 17 mai 2013 est le cheval de Troie de l'idéologie du genre, et donc de la PMA « pour toutes » ou « sans père » et du recours aux mères porteuses... Le mariage entre personnes de même sexe a ainsi sonné le glas du mariage vrai ou qui correspondait à une définition traditionnelle d'une union éminemment hétérosexuelle, et fait entrer l'humain dans la catégorie des biens de consommation. La légalisation de la marchandisation de l'enfant, car c'est bien ce dont il s'agit, instaure le meilleur des mondes possibles ou, pour les adversaires de cette dérive, le pire des mondes probables. François Hollande a en quelque sorte divisé et clivé une société déjà profondément fracturée, homosexuels *versus* hétérosexuels, homosexuels *versus* catholiques, dans une période où il aurait plutôt dû chercher l'apaisement et le rassemblement.

Quoi qu'il en soit, le désir d'enfant est légitime, mais il ne saurait être réalisé à n'importe quel prix, notamment si celui-ci passe par la violation des droits des enfants, qui sont finalement très simples, mais supposent de renoncer à certains désirs.

De quoi parle-t-on au juste ? Qu'est-ce que la « PMA sans père » ? La procréation médicalement assistée ou l'aide médicale à la procréation (PMA ou AMP) est un ensemble de pratiques médicales destinées à aider à la procréation. Il en est ainsi de la fécondation *in vitro* de l'embryon (FIV) ou de la procréation avec le recours aux gamètes (spermatozoïde ou ovocyte) d'un tiers donneur. En France, la PMA avec tiers donneur est réglementée par le Code de la santé publique : elle est thérapeutique et réservée à un couple formé d'un homme et d'une femme, vivants et en âge de procréer, pour remédier à une infertilité médicalement diagnostiquée. Le tiers donneur de gamètes reste anonyme et l'enfant issu de la PMA a pour père et mère l'homme et la femme formant le couple.

Ce qui est prévu dans le projet de loi Bioéthique, c'est de généraliser la PMA pour que des couples de femmes, ou encore des femmes célibataires, même fertiles, peu importe d'ailleurs leur orientation sexuelle, puissent y avoir recours, sans homme donc, mais avec insémination des gamètes d'un tiers donneur anonyme, pour leur permettre d'avoir un enfant, tout en sachant que cet enfant aura ainsi une ou deux mères mais pas de père ni de lignée paternelle. D'où le vocable de « PMA anonyme », de « PMA pour toutes » ou, plus significatif, de « PMA sans père ». Ce qui est revendiqué est donc bien un « droit à l'enfant sans père ». Et sans homme qui plus est, bien que les femmes concernées en exigent la semence ! Contrairement à ce qui est affirmé, il n'est pas question d'homoparenté, et la qualité d'un parent ne dépend pas de son orientation sexuelle ; il est question de l'altérité dans la parenté, ce qui est bien différent.

Valider ces modifications revient à en accepter les conséquences : la désexualisation ou l'artificialisation à terme de la procréation humaine, la marchandisation des éléments du corps humain, car la gratuité des gamètes deviendra en pratique illusoire, comme ce fut le cas dans d'autres pays, et la validation à terme de la PMA *post mortem*. Et surtout, la suppression du père et de la lignée paternelle pour les enfants d'une femme seule ou d'un couple de femmes, donc le changement de modèle de la filiation, basé alors principalement sur la volonté et non plus sur le lien biologique. La filiation serait fondée sur le « projet parental », avec le risque résultant du caractère versatile de la volonté et de la multiparenté, comme en témoignent des cas à l'étranger, notamment au Canada.

Pourquoi ne voulez-vous pas que l'enfant ait un père ? Telle est la question à poser aux partisans de la PMA « pour toutes » ! Autre paradoxe : « en même temps » qu'était discuté le projet de loi Bioéthique, le Parlement allongeait le congé parental pour les pères et le rendait pour partie obligatoire.

Et qu'en est-il de la GPA ? Cette pratique consiste, pour une personne seule ou un couple, hétérosexuel ou de même sexe, à faire porter un enfant par une autre femme (aux États-Unis, en Inde ou en Ukraine par exemple, où elle est autorisée), contre le paiement d'une somme d'argent (plusieurs dizaines de milliers d'euros). Un contrat est ainsi conclu par un couple avec une tierce femme, dite mère porteuse, pour qu'elle soit inséminée par des embryons provenant du couple ou obtenus via une PMA grâce au recours à une donneuse d'ovocyte par exemple, laquelle tierce femme remettra l'enfant à la naissance au couple commanditaire.

La GPA représente le stade ultime de cette décadence opérée au nom des droits prenant la forme d'un trafic d'humains, surtout parce qu'elle considère la femme comme un ventre qu'on loue, et l'enfant comme un bien que l'on achète. Et cette possibilité revient en somme à valider un retour à l'esclavage. Rappelons que l'article 224-1 A du Code pénal définit la réduction en esclavage comme « le fait d'exercer à l'encontre d'une personne l'un des attributs du droit de propriété », puni de vingt ans de prison. Et disposer d'un enfant en prétendant « transférer » ou « acquérir » ou « être donataire » de droits sur lui (en tant que mère porteuse, ou parents commanditaires) répond exactement à ce critère : il s'agit d'exercer à l'encontre de cet enfant un attribut du droit de propriété.

Si elle demeure interdite en France, en vertu notamment de l'article 16-7 du Code civil selon lequel « toute convention portant sur la procréation ou la gestation pour le compte d'autrui est nulle », sa légalisation est revendiquée par la gauche et des lobbies comme LGBT. Il existe aussi un encouragement à cette pratique en France à travers certaines décisions de la Cour de cassation, et le tourisme procréatif se développe. Le marché des mères porteuses et de la vente d'enfants après la naissance (*rehoming*) aux États-Unis devrait pourtant inciter à la réflexion.

Enfin, il pourrait résulter de l'extension de la PMA une discrimination à l'égard des couples d'hommes qui n'auront pas la possibilité, à l'instar des couples de femmes, de bénéficier légalement d'un système de procréation assistée et prise en charge par la Sécurité sociale de surcroît. Cette discrimination pourrait justifier, tôt ou tard, le projet de légalisation de la GPA, au nom de l'égalité.

Rappelons ce que prévoit l'article premier du Préambule de la Constitution du 27 octobre 1946, qui fait partie du bloc de constitutionnalité au même titre que la Constitution de 1958 : « Au lendemain de la victoire remportée par les peuples libres sur les régimes qui ont tenté d'asservir et de dégrader la personne humaine, le peuple français proclame à nouveau que tout être humain, sans distinction de race, de religion, ni de croyance, possède des droits inaliénables et sacrés. » Il ne s'agit nullement de discréditer une communauté ou même des orientations sexuelles, mais de remettre simplement la nature à sa juste place.

Race

Rarement un mot, en apparence si banal, aura autant suscité de débats au point de devenir un tabou. Pas tant d'ailleurs par le mot lui-même que par ce qu'il suppose, à savoir le racisme. S'il est assez aisé de définir le racisme comme une peur de l'autre, un rejet et la croyance en une inégalité des races humaines, il faut d'emblée souligner que « race » est ici l'objet d'une confusion avec la notion d'ethnie ou de communauté, accablée d'une perversion morale liée à une hiérarchie et donc à une domination. En fait, la race est l'ensemble des caractères héréditaires communs qui, au sein d'une espèce, distinguent une variété, ces caractères étant d'ordre morphologique, anatomique, et reposent sur des critères tels que la répartition du groupe sanguin, la couleur de la peau, le type de chevelure. La notion pseudo-scientifique de « race pure » est illusoire en raison des croisements. En revanche, l'ethnie – entendue comme une population humaine qui a en commun une histoire, un patrimoine culturel, une langue, un mode de vie, des coutumes, une origine géographique, une religion… – permet de mieux désigner des caractéristiques différentielles dont l'origine s'enracine à la fois dans le milieu physique et dans le milieu social.

Le mot et son emploi plutôt tardif, sa propagation, ou si l'on préfère sa prospérité, sont sans doute dû au darwinisme, qui aurait rapidement fait passer le terme dans le langage courant ; la lecture des œuvres de Darwin permettant ainsi de vulgariser les principes de sélection de races de vaches ou de moutons. Hippolyte Taine, un des maîtres à penser de la fin du XIXe siècle, parle ainsi de « race » à Nietzsche qui s'intéresse grandement à la façon « critique » dont le philosophe français évoque le terme. La rapide diffusion du mot se mêle alors aux thèses d'Arthur de Gobineau qui cherche, en 1853, dans son *Essai sur l'inégalité des races humaines*, une cause scientifique à la supériorité supposée de la race blanche, en invoquant alors la communauté de culture indo-européenne. Ernest Renan puis Georges Vacher de Lapouge nourriront les thèses nazies naissantes *via* le théoricien « racialiste » Houston Stewart Chamberlain (plus précisément en « inventant » la race aryenne) afin de promouvoir un racisme fondé sur des différences biologiques d'autant plus improbables et fantasmatiques que le concept de race semble mal s'appliquer aux hommes. En fait, sous couvert d'une rationalisation scientifique, une idée ou un régime cherche une justification qu'il croit objective à sa violence, sa barbarie, inconsciemment associées à la peur viscérale de l'autre et de ses différences…

Il suffit de relire nombre d'écrits du début du XXe siècle pour constater que l'emploi du mot recouvre souvent une autre occurrence : quand Ravel ou Proust parlent de « race », c'est pour célébrer un génie, une somme de particularismes faisant personnalité digne d'admiration. Ils ne font en cela que reprendre un emploi avéré dans *Le Cid* de Corneille : « Le premier dont ma race ait vu rougir le front. ». Mais nous ne recevons pas de la même manière la phrase de Voltaire dans son *Essai sur les mœurs* : « La race des nègres est une espèce d'homme différente de la nôtre, comme la race des épagneuls l'est des lévriers. » La raison en est simple : elle établit déjà une hiérarchie et donc une prééminence, une domination que ne suppose pas, par exemple, la Constitution française qui, dans son premier article, refuse toute « distinction d'origine, de race ou de religion ».

Le racisme primaire qui tend à imposer cette distinction et cette hiérarchie, et par conséquent une domination, relève d'une perversion ou d'une maladie de la conscience. L'idée qu'une catégorie d'hommes soit inférieure à une autre revient à nier l'humanité tout entière. La pluralité humaine est une richesse en soi, comme la multiculturalité qui lui est attachée. Sans doute les abominations liées au racisme et à une de ses formes les plus anciennes, l'antisémitisme, ont rendu l'emploi du mot quasi impossible. Il n'empêche que lui substituer, comme c'est le cas, le mot « type » ne résout en rien le problème et ne fait qu'accroître l'emprise de la pensée du politiquement correct et son hypocrisie dévastatrice. Il ne suffit pas de bannir un mot (« racisme ») pour anéantir ce dont il est porteur dans la mémoire collective, ou pour abolir l'idée torse qu'il contient. Pareille pratique relève de l'exorcisme comme de l'inculture. Il se peut que demain, l'horreur que cause dans les esprits une occurrence spécifique du mot « race » gagne d'autres mots (« père », « sexe »...), révélant au passage d'autres névroses dont souffre notre culture. En somme, on se débarrassera du racisme plus efficacement par l'éducation qu'en excluant ou limitant l'usage de ce mot. Et cette nécessité s'applique à toutes les cultures, toutes les ethnies, sachant que l'on reproche à certaines d'entre elles un racisme anti-blanc qui devient par dommage collatéral un autre tabou quasi impossible à évoquer, en France en particulier.

Ce n'est pourtant pas le chemin pris avec le phénomène *woke* venu des États-Unis, à travers notamment le mouvement Black Lives Matter. *Woke* signifie « éveillé » – face aux discriminations qui seraient faites aux minorités (sexuelles, ethniques ou autres) et aux victimes du racisme, installant ainsi l'obsession de la race, du genre, de l'identité dans les débats et les manifestations, les universités et les entreprises. En France, l'annulation de conférences d'intellectuels comme celle de Sylviane Agacinski, par exemple, ou l'organisation de réunion non mixtes ou interdites aux Blancs en sont une triste et récente manifestation.

Instruire, expliquer, et non condamner ou exclure. Dans *Un long chemin vers la liberté*[1], Nelson Mandela préconise cette direction : « Personne ne naît en haïssant l'autre en raison de la couleur de sa peau, de ses origines ou de sa religion. Les gens apprennent à haïr, et si on leur apprend à haïr, on peut aussi leur apprendre à aimer, car l'amour vient plus naturellement au cœur des hommes. »

Sexe

Le sexe est plus compliqué qu'une simple distinction naturelle entre le mâle et la femelle. Appareil de reproduction d'une espèce de mammifères, il est animé

1. Fayard, 1995.

par des pulsions, qu'elles soient de vie ou de mort, l'Éros et le Thanatos. Il en résulte un choix subjectif et personnel pour se tenir du côté de la vie ou du côté de la mort, dans la phase lumineuse ou obscure. Les Antiques avaient cette clarté de propos qui prévaut à une morale sexuelle, c'est-à-dire à une discipline personnelle faisant sens. Ainsi, la fidélité transforme-t-elle le partenaire en une personne, avec cette unicité essentielle.

La religion, et particulièrement l'Église catholique, en s'appuyant sur les épîtres de saint Paul (notamment aux Corinthiens) s'est montrée soucieuse d'apporter au sexe son sens. En juillet 1968, au coup d'envoi de la « révolution sexuelle », notamment par la commercialisation de la pilule, Paul VI signe l'encyclique *Humanae vitae*, qui place le sexe au service de l'homme et non l'homme au service du sexe. Le pape insiste également sur le concept de « paternité responsable », qui demande l'intervention de la raison et de la volonté. Jusqu'à la « révolution sexuelle » de la fin des années 1960, la question sexuelle était intimement liée au mariage.

« La liberté sexuelle, écrit justement Grégor Puppinck, est la troisième révolution sociale moderne, après la révolution démocratique du XVIIIe siècle et la révolution socialiste du XIXe siècle. Chacune de ces révolutions a été une tentative de dépasser socialement l'une des trois grandes passions de l'humanité : le pouvoir, l'argent et le sexe. » Et de faire un parallèle saisissant : « Aux trois vœux religieux d'obéissance, de pauvreté et de chasteté correspondent les révolutions démocratiques, socialistes et sexuelles[1]. »

1. *Les Droits de l'homme dénaturé*, Cerf, 2018.

Une réalité qui ne peut être niée, celle de la guerre des sexes, de la supposée supériorité de l'homme sur la femme, des termes employés dans le langage courant, le « sexe fort » dominant le « sexe faible », ne pouvait que déboucher sur une violente réaction, la revendication légitime de l'égalité des sexes, encore loin d'avoir trouvé son aboutissement dans les actes et les esprits. Certes, depuis quelques décennies la parité devient une norme, notamment en politique, mais combien de femmes gagnent moins que les hommes à des postes similaires et parfois dans la même entreprise ? Peut-être serait-il souhaitable de parler non plus de sexes opposés, mais de sexes complémentaires.

Au cœur de l'intime et de la conscience, le sexe peu à peu se revendique. L'idée que « mon corps m'appartient », chère à Simone de Beauvoir, débouche sur la revendication parfois bruyante de l'intimité qui se fait identité sexuelle. Désormais, la Cour européenne des droits de l'homme reconnaît un droit d'entretenir des relations sexuelles découlant du droit de disposer de son corps, partie intégrante de la notion d'autonomie personnelle, ainsi qu'un droit au libre choix quant aux modalités d'exercice de sa sexualité.

Quels droits pour les homosexuels ? Ils en ont autant que les autres, l'attribution de droits ne dépendant fort heureusement pas de l'orientation sexuelle. La question patrimoniale se posait cependant quand une des deux personnes ayant partagé leur vie décédait. La reconnaissance d'une vie commune est désormais de droit avec le Pacs et le « mariage pour tous » depuis la loi du 17 mai 2013. Mais le lobby LGBTQ+ revendique de telles exceptions comme une norme, à tel point qu'il peine à se définir clairement. Venu des États-Unis, le sigle le plus long est LGBTTQQIAAP : *lesbian, gay, bisexual, transgender, transexual, queer, questioning* (personne qui se questionne sur sa sexualité), *intersex, asexual, ally* (allié hétérosexuel de la cause), *pansexual* (personne qui revendique une attirance pour n'importe quel genre). L'acronyme ne signifie plus rien. Laissons de côté le cas délicat et très particulier de l'hermaphrodisme à la naissance, qui a conduit à des drames au sein de familles, notamment pour avoir été mal traité médicalement ou arbitrairement imposé.

Nous sommes passés du sens de la sexualité à la revendication de sexualités « déviantes », au sens propre du mot, à savoir qui s'écarte de la norme sociale admise. Si la transgression fait partie de la sexualité, Freud l'explique non sans raison, elle ne peut en être le moteur. Ne serait-ce pas la part d'ombre, morbide, le Thanatos de l'Antiquité grecque, qui submerge la réflexion sur le sexe ? À voir le développement de la pornographie, en particulier sur Internet auprès des jeunes, rabaissant l'image de la femme, ce dont paradoxalement peu de féministes semblent s'offusquer, la question mérite d'être posée.

Transhumanisme

Créé par le Français Jean Coutrot en 1937, ce terme qui connaît aujourd'hui une étonnante prospérité et suscite des débats houleux accompagnés d'autant de crainte que de suspicion a été popularisé par Julian Huxley, le frère du célèbre écrivain auteur du *Meilleur des mondes*, Aldous Huxley.

Le transhumanisme est un courant de pensée qui défend la thèse selon laquelle les capacités physiques et intellectuelles (notamment cognitives) de l'humain peuvent être améliorées ou accrues grâce aux progrès de la science et de la technique et ainsi, en même temps, réduire la souffrance, vaincre les maladies et surtout ralentir considérablement le vieillissement pour, à terme, vaincre la mortalité. Ainsi formulée, la thèse semble on ne peut plus faustienne, et tend à créer un « nouvel homme » chez qui le recours à l'intelligence artificielle en constante évolution risque aussi d'aboutir à une « explosion de l'intelligence » et à une totale perte de contrôle.

Ce rêve, présent dans de nombreuses œuvres de fiction, comme *2001, l'Odyssée de l'espace* de Stanley Kubrick, vire au cauchemar pour beaucoup. On peut légitimement se poser la question de savoir si cette tentation devenue réalité n'est pas non plus inhérente ou consubstantielle à la nature humaine, qui cherche, depuis toujours, à vivre mieux et plus longtemps pour pouvoir accomplir plus de projets, comme à atteindre un degré inespéré d'intelligence pour concevoir des notions ou des modèles complexes, abstraits, quasi impensables quelques décennies auparavant…

En somme, le transhumanisme part du principe que l'homme est limité par sa nature mais qu'il possède la possibilité, par la science et la technologie, d'être « augmenté », non pas tant pour devenir une espèce de surhomme digne de Nietzsche et parfait, mais « accompli ». Cela suppose que notre nature, non seulement ne saurait nous satisfaire en l'état, mais qu'elle gagnerait à être ainsi « améliorée ». Cette transformation recouvre un constat : ce que nous sommes n'est ou ne serait pas assez, et « être plus » serait préférable, sans que nous sachions réellement en quoi l'être en serait bénéficiaire. Cette quête, devenue une tendance ou un fantasme, mérite qu'on se méfie ; non qu'il faille regarder ou considérer la science comme une machine malfaisante, mais en gardant toujours un esprit critique, une opinion en principe favorable et positive sur la technique, les nouvelles technologies, avec une méfiance légitime quant à leur utilisation et aux possibles dérives. C'est, une fois encore, le vieux sujet de l'apprenti sorcier vite dépassé par un pouvoir qu'il ne maîtrise pas. C'est aussi le sujet d'un questionnement nécessaire et souvent récurrent. Et, plus que « science sans conscience n'est que ruine de l'âme », selon la formule chère à Rabelais, un enjeu éthique. La question étant : est-il toujours bon de faire ce que nous avons la possibilité de faire ? Ou, pour reprendre une célèbre repartie de Louis XV : « Cela est-il bien nécessaire ? » La technique, quel que soit son domaine d'application, en génétique comme en informatique, ne saurait se passer du crible éthique.

Le transhumanisme possède donc une face cachée : il porte en lui les germes d'une nouvelle forme de totalitarisme et de pouvoir sans limites, concentration des pouvoirs en quelques personnes, notamment par les Gafa, fascination irraisonnée, promesse de mettre au monde un « homme nouveau » qui vaincra la mort... Un totalitarisme qui rappelle celui du nazisme, à juste titre décrié en tant que tel aujourd'hui, mais vénéré sous un autre visage, un visage transhumain. Il sous-entend également que l'ancien « modèle » d'humains est en quelque sorte diminué et insatisfaisant, voire dépassé, puisqu'il peut être remplacé par un « modèle » aux qualités et performances augmentées. Pareille conception est révélatrice d'une société qui a rejeté les anciens modèles et remplacé ses croyances par d'autres dieux, par un délire scientifique. Un tel monde est symptomatique d'un univers sans Dieu où l'homme est sa propre création, où la mort n'existe plus et où, par exemple, l'idée même de résurrection devient absurde. Plus encore, dans cette perspective, l'homme devient simplement un objet, une masse organique et non une valeur en soi, et moins encore une créature née de la volonté divine.

Comment ne pas redouter que la robotisation (même assistée) de l'homme ne conduise à l'humanisation des robots et à l'effacement des frontières qui sépare les uns de l'autre ? En refusant de discerner ce qui est bon de ce qui est mauvais dans les sciences ou la technique, le transhumanisme se condamne lui-même à l'échec ou à la création d'un monstre qui n'aura d'autre projet que de détruire l'homme en le remplaçant.

Vie

Nous croyons tous savoir ce qu'est la vie parce que nous sommes vivants, mais le mot englobe des occurrences bien différentes que nous avons souvent tendance à mélanger ou confondre.

Au détour d'un entretien accordé à *Valeurs actuelles* du 16 juillet 2020, le philosophe Olivier Rey revient sur l'évolution de la définition du mot « vie » au cours des derniers siècles : « Dans les quatre premières éditions du dictionnaire de l'Académie française, de 1694 à 1762, la vie est définie comme "l'union de l'âme avec le corps", "l'état où est l'homme quand son âme est unie à son corps". Dans la cinquième édition, en 1795, les choses changent : la vie est désormais "l'état des êtres animés tant qu'ils ont en eux le principe des sensations et du mouvement". Les définitions ultérieures s'inscrivent dans cette lignée – comme celle de

Littré (1863), “l’état d’activité de la substance organisée”, ou celle, actuelle, du *Trésor de la langue française* (1994) : “L’ensemble des phénomènes et des fonctions essentielles se manifestant de la naissance à la mort et caractérisant les êtres vivants.” »

Mais la vie est plus que ce qu’en disent les dictionnaires en des termes qui manquent souvent d’ardeur, de lyrisme, de palpitation ; elle est plus que cet ensemble de phénomènes qui maintiennent l’activité des organismes d’une grande complexité jusqu’à leur mort, plus qu’un principe censé expliquer ou causer les phénomènes du vivant, plus que cet intervalle de temps entre naissance et mort, plus que ce simple « restant à vivre », plus que cette masse d’événements et d’activités qui constitue le cadre et le contenu d’une existence, qu’elle soit individuelle ou collective, plus même que cet amoncellement d’éléments qui donne de la valeur à l’existence humaine, plus que le cours usuel des choses. Elle est aussi ce voyage dont Jean d’Ormesson écrit, dans un poème intitulé « Le train de ma vie », qu’il est « plein de joies, de peines, d’attentes, de bonjour, d’au revoir et d’adieux ». Elle est ce dont nous sommes pleins et qui constitue un trésor plus que précieux, malgré sa brièveté, dont Sénèque nous parle comme d’une règle pour mieux la savourer. Vivre très vite suppose de bien vivre, ce que ne manque pas de souligner Edgar Morin par exemple, qui pense que cela devrait même être enseigné dans les écoles, en prenant Montaigne pour guide.

La vie est telle dans sa puissance première qu’elle échappe à toute définition conventionnelle, décidément trop abstraite et limitée. Elle impose une durée dont nous ne connaissons pas l’échéance, mais dont il nous appartient de la rendre douce, intense, belle.

Pour cela, sans doute, faut-il croire Albert Camus qui estime que « le sens de la vie est la plus pressante des questions ». Le sens est une direction, aussi bien qu'un moteur, et sans doute est-il préférable pour notre équilibre psychologique de croire que cette direction nous rapproche de son mystère, quand d'autres se bornent à penser que l'absurde est son domaine. Donner du sens, cependant, suppose que la vie en soi en serait privée, et que c'est à la conscience pleine et entière et à une volonté intérieure sans faille de lui en donner un. Vivre, c'est bien plus qu'être seulement vivant, c'est découvrir que cet acte même ne peut nous réduire à n'être qu'une chose, un phénomène.

Trouver un sens est aujourd'hui plus délicat qu'hier, et pour cause : la vie en elle-même semble assiégée par un flot de contraintes, d'informations contradictoires, le règne d'une nécessité qui nous réduit à une servilité où le consumérisme obère notre liberté et nos choix. Le philosophe Jean Grondin, auteur de *Du sens de la vie*[1], affirme même que le sens de la vie n'est plus transparent comme il l'était de façon explicite chez nos aïeux. Au sein de l'effort que suppose la recherche incessante de ce sens et de ses exigences, nous discernons en effet une « signification directionnelle » qui induit que la quête est comme la vie : significative. Plus encore, il nous est possible de lui conférer un sens grâce à notre sensibilité, et aussi notre intuition : avoir en soi ce sens de la vie nous permet d'en découvrir la saveur et d'en jouir. Le sens peut également être cette capacité réflexive, celle d'un être conscient d'avoir du bon sens. Nietzsche le disait d'une autre manière en affirmant que « celui qui a un “pourquoi” qui lui tient lieu

1. Bellarmin, 2003.

de but peut vivre avec n'importe quel "comment" ». Plus récemment, le 12 juin 2005, lors d'un discours à l'université de Harvard, l'entrepreneur Steve Jobs s'interrogeait : « Si aujourd'hui était le dernier jour de ma vie, est-ce que j'aurais envie de faire ce que je vais faire aujourd'hui ? [...] Me souvenir que je vais bientôt mourir est l'outil le plus important que j'aie jamais eu pour m'aider à prendre de grandes décisions dans la vie. Parce que presque tout – toutes les attentes externes, toute fierté, toute peur de l'embarras ou de l'échec –, toutes ces choses reculent face à la mort, en ne laissant que ce qui est réellement important. Se souvenir qu'on va bientôt mourir est le meilleur moyen que je connaisse d'éviter le piège qui est de penser qu'on a quelque chose à perdre. »

Avouons que le monde actuel ne favorise pas l'émergence de ce sens, puisque les parasites ne manquent pas qui nous invitent à n'être que des interprètes passifs, des consommateurs, des citoyens obéissants... La vie serait-elle tout simplement devenue une « chose » que tout un chacun revendique comme sa propriété exclusive, qu'il peut totalement dominer et manipuler ?

Dans une époque qui elle-même manque de sens (outre celui du profit !), il est normal d'avoir plus qu'hier du mal à en trouver un à sa vie. Moritz Schlick invitait en 1927 à une expérience bien singulière : « Transportez-vous dans la cohue pressée d'une rue de grande ville et imaginez-vous que vous arrêtez les passants l'un après l'autre en les apostrophant en ces termes : "Où courrez-vous ainsi ? Qu'avez-vous donc de si important à faire ?" Et si vous appreniez quel est le premier visé, vous demanderiez ensuite la fin de ce but, puis la fin de la fin – presque toujours, au bout de seulement quelques termes de la série, vous buteriez sur cette fin-ci : la conservation de la vie, le gagne-pain. Pourquoi donc conserver la vie ? Il serait bien rare que vous puissiez dégager des renseignements récoltés une réponse compréhensible à cette question[1]. » Car vivre ou survivre n'est pas une valeur en soi, c'est un état naturel : donner un sens à la vie suppose un contenu.

Biologiquement, la vie ne cesse de détruire pour créer et renouveler, des milliards de cellules meurent en nous chaque jour pour être remplacées par de nouvelles. La vie est d'abord cette énergie qui semble intarissable. Sur le plan spirituel et psychique, il en va de même ; nos erreurs, nos errements, nos chutes, nos questions nous construisent, le sens se dégage petit à petit, et quelque part il s'impose au regard de ce perpétuel combat entre vie, mort et renaissance. « La vie est vécue en regardant en avant mais elle ne se comprend qu'en regardant en arrière », rappelait Søren Kierkegaard.

1. *Le Sens de la vie*, Manucius, 2016.

Deuxième partie

LA SOCIÉTÉ ET LES RELATIONS HUMAINES

L'homme n'est pas un animal solitaire. Il vit en société dans un mode d'organisation collective, tant au niveau des institutions que de la répartition des richesses. Et dans le vaste champ lexical associé à cette organisation humaine, certains mots semblent plus voués que d'autres à devenir les victimes innocentes de triturations du langage au détriment d'une définition claire, usuelle et consensuelle. Des mots simples qui, à l'origine, renvoyaient à des schémas compréhensibles. À croire que d'aucuns voudraient rendre notre langue plus opaque, en les remplaçant par des termes dont le sens nous échappe. Et sûrement devrions-nous suivre les conseils avisés d'Erik Orsenna : « Il faut faire attention aux mots. Ne pas les répéter à tout bout de champ. Ni les employer à tort et à travers, les uns pour les autres, en racontant des mensonges. Autrement, les mots s'usent. Et parfois, il est trop tard pour les sauver. » Et d'ajouter : « Tel est le premier métier des mots : poser sur toutes les choses du monde une étiquette, pour s'y reconnaître[1]. »

1. *La grammaire est une chanson douce*, Stock, 2001 ; Le Livre de poche, 2003.

Un exemple ? « Sociétal », employé aujourd'hui à tout-va et qui, pour beaucoup, a remplacé le mot « social ». D'autres comme « France » ou « nation », hier sacrés, semblent devenus des mots qui fâchent, une espèce de tabou, voire une honte. Sans parler des mots aujourd'hui connotés, difficiles à employer sans les contextualiser, tels que « préférence nationale », « immigration », « souveraineté », « séparatisme », alors qu'ils recouvrent une réalité faisant partie intégrante des pratiques de la République.

Cette dérive ne peut qu'entraîner une mauvaise utilisation des mots et une mauvaise compréhension qui ne peuvent qu'affecter le discours politique et journalistique sur des sujets pourtant cruciaux.

Bien commun

Sans doute cette notion, dont on croit connaître le sens, l'origine et la portée fut-elle trop longtemps admise comme inaliénable, pour finir par être lentement remplacée par d'autres, bien étrangères à son ambition telles que l'intérêt général, les libertés et droits fondamentaux, voire les valeurs dites républicaines. Sans doute aussi cette notion éminemment chrétienne n'a-t-elle pas résisté à la sécularisation des idéaux, à des principes économiques favorisant l'individualisme, victime du rejet de ces valeurs et racines chrétiennes dont l'Europe, et la France en particulier, fit son cheval de bataille.

L'idée de bien commun fut théorisée par Aristote, Cicéron puis intégrée à la théologie par saint Thomas d'Aquin : « Dans toute communauté, celui qui gouverne est chargé de veiller au bien commun. » Précisons d'emblée qu'il ne faut pas la confondre – ce qui est souvent le cas – avec l'intérêt général, lequel suppose un utilitarisme qui évolue au fil du temps. Le bien commun, au contraire, se réfère à une notion transcendante immuable et universelle. Il est d'abord cet ensemble de conditions sociales poursuivant un but spirituel en imposant des conditions concrètes ; outre cette perspective chrétienne qui suppose qu'il est « la fin de la société civile », selon le pape Léon XIII, il est aussi l'ensemble des biens qu'une société met à disposition de tous pour atteindre le bonheur, ou plutôt la félicité par la justice. Selon l'héritage chrétien, ce but suppose justice et charité, alors que dans la sphère laïque, la justice et l'égalité l'emportent. À ce stade, le bien commun se confond avec une forme d'intérêt général, mais dépourvu de toute idée de profit. Le bien commun sera constitué par les biens extérieurs, les biens du corps, les biens moraux, les biens intellectuels, les plus parfaits étant les biens communs intellectuels.

Il n'est pas de bien commun – et donc de bonheur possible, de bonheur d'être ensemble dans une société comprise comme un corps – sans enracinement. Le bien, c'est aussi la fin, idéale et supposée, de toute action et, dans cette perspective, le bien commun représente la finalité collective de la société : ensemble des découvertes, émulations, reconnaissances, réalisations qui font l'âme d'un peuple, et de la société un projet commun. Projet qui justifie qu'on sacrifie tout intérêt particulier. Des amours communes naissent la concorde et la préservation de l'unité du corps social. Ce projet a longtemps perdu de sa puissance et de sa conviction, l'économie globale ne favorisant guère, par la dictature du profit, la quête de ce bien dont chacun est en droit de pouvoir jouir.

Cette fracture ne fut réduite que par l'intervention d'une réaction due au dérèglement climatique et la montée en puissance de l'écologie : sauver la planète, bien commun, et par conséquent sauver les hommes, l'humanité, préserver la vie, autre bien commun. Nicolas Sarkozy déclarait en 2017 : « Le rôle de la France sera de défendre la sécurité, l'égalité face aux excès, les libertés, la planète face au réchauffement climatique, tout ce qui constitue notre bien commun » trop souvent remis en cause. Il s'inspirait sans doute des déclarations de Benoît XVI, dans la lettre encyclique *Caritas in veritate* (L'amour dans la vérité) du 29 juin 2009, appelant à la mise en place d'une véritable autorité publique mondiale organisée à la réalisation du bien commun ; il sera suivi en cela par le pape François : « Le climat est un bien commun, de tous et pour tous. » Dans cette logique où le concept prend une allure très concrète, l'Église, qui veut lutter contre toute forme de dérive, rappelle que les droits fondamentaux découlent de la loi morale et qu'en conséquence « la première et la plus immédiate des applications de cette doctrine concerne la vie humaine qui méconnaît le droit fondamental et originel à la vie » selon Jean-Paul II dans sa lettre encyclique *Evangelium vitae* du 25 mars 1995. Position que certains jugent éminemment conservatrice, mais qui s'inscrit de plein droit dans la défense de toute forme de vie et donc aussi dans la lutte contre l'avortement et l'euthanasie qui contreviennent, selon cette logique, non seulement à l'individu et à sa dignité, mais au bien commun lui-même.

Dans cette optique, promouvoir et défendre le bien commun devient une arme d'une redoutable efficacité pour lutter contre des atteintes, voire des perversions imposées par le monde moderne. Telle est la conception du pape François lorsqu'il déclare, dans l'encyclique *Lumen fidei* du 29 juin 2013, que « la foi nous enseigne à découvrir des formes justes de gouvernement, reconnaissant que l'autorité vient de Dieu pour être au service du bien commun ».

On le dit trop souvent : notre pays souffre de l'absence de causes collectives, et d'amours partagées. Seuls les rituels sportifs unissent, à intervalles réguliers, des Français désaccordés qui ne savent pas pourquoi ils font société. Ce sont des rites au même titre d'ailleurs que les manifestations, défilés et autres regroupements de masse. Dans la société contemporaine, l'égocentrisme, l'individualisme voire toute forme de communautarisme favorisent non pas la cohésion, mais le repli, la solitude, l'indifférence, l'intolérance à force d'isolement et d'absence non seulement de dialogue, mais de commune volonté de servir une cause plus grande que soi. La télévision, la publicité nous vendent un idéal individuel, non collectif, celui de l'hédonisme et de l'inévitable solitude qui l'escorte. Ce mal collectif qui incline au désespoir vient de l'absence ou de l'occultation du bien commun.

Notre bien commun, ce sont notre histoire millénaire, nos racines judéo-chrétiennes, la langue française, les œuvres d'art qui ont rendu notre peuple grand et un, les découvertes, émulations, partages de tous les corps de métier, et l'amitié qui unit nos familles. Notre peuple ne souffre d'ailleurs pas tant de la pauvreté que de la perte de ces racines intellectuelles et morales ; sans elles, nous ne formons pas société : nous coexistons pacifiquement. Et encore…

Les biens extérieurs nous unissent dans une moindre mesure : les richesses se partagent et s'accroissent mutuellement, mais à condition que le fonctionnement économique permette leur juste répartition – non leur captation par une élite. On peut schématiquement dire que le bien commun économique réside dans l'étendue et la prospérité de la classe moyenne.

On comprend ainsi que le bien commun est enraciné : la culture, les mœurs, les amours communes rendent les sociétés difficilement solubles. Une société cosmopolite est vouée à ne plus partager que les conditions matérielles de l'existence. Une société mondialisée n'a aucun bien commun ; elle est purement fictive, puisque ma culture et mon intérêt ne sont pas ceux des voisins. Tout au plus peut-on admettre l'existence d'un bien commun intellectuel ou environnemental mondial, mais à quoi bon, s'il ne devient pas une cause défendue par tous ?

Le bien commun est donc une tension collective vers un idéal. C'est le patrimoine qui nous est laissé, mais aussi une réalisation commune, la découverte conjointe d'une vérité qui nous dépasse, la construction d'une culture ou d'une vertu qui nous permet d'échanger et de vivre en paix. Le bien commun n'est pas seulement une prestation sociale dont nous serions tous créanciers, mais aussi une dette que nous devons tous honorer.

Le bien commun, disions-nous, est ce qui nous unit. Le corps social aspire à la paix, « comme un corps tend à se reposer sur le sol, car la paix est le lieu nécessaire de la conservation », selon saint Augustin dans *La Cité de Dieu*. Or, la paix n'est concevable que dans l'existence d'un ordre – la guerre, par opposition, créant le désordre. Les anciens avaient de très beaux mots pour la décrire : l'amitié politique, ou mieux encore, la concorde. Une société où le souci du bien commun est omniprésent obtient tôt ou tard cette paix, dont saint Augustin dit qu'elle est « la tranquillité de l'ordre juste », conditionnée par le règne de la justice, et l'existence d'amours communes.

Capitalisme

Le capitalisme est d'abord un régime économique où les moyens de production, qu'il s'agisse du capital financier, des usines, des machines relèvent de la propriété privée. À l'origine, au XIIe siècle, le mot, tiré du latin *caput*, faisait référence à la « tête », la tête de bétail, unité de mesure de possession, donc de richesse, puis au statut de chef, celui qui dirige et peut, par extension « perdre » la tête, d'où le nom de « peine capitale » pour désigner la décollation d'un condamné. À partir du milieu du XVIIe siècle apparaît le terme « capitaliste » pour désigner, à l'inverse des intérêts, le bien financier qui en fructifiant conduit à la fortune. Sa forme moderne a pris son essor au XIXe siècle pour devenir le capitalisme industriel, lequel s'enracine dans des formes préalables, le capitalisme financier, puis le capitalisme commercial. Il existe enfin un capitalisme d'État, forme de collectivisme où l'État est propriétaire (parfois en partie) des moyens de production.

Les défenseurs du système capitaliste voient en lui le meilleur ressort à tout développement économique, dans la mesure où il stimulerait la production par la loi constante de l'offre et de la demande. Ses adversaires, en revanche, notamment les marxistes, le condamnent en arguant qu'il impliquerait et favoriserait l'exploitation des travailleurs, et l'impérialisme.

La critique de Karl Marx, pour qui le système capitaliste court à sa perte, est portée par cinq arguments. Tout d'abord, l'exploitation injuste de l'ouvrier par le capitaliste qui s'approprie la plus-value (que Marx nomme le « surtravail ») : elle correspond à la différence entre la rémunération du travailleur et le montant du bien vendu. Ensuite, la perte de liberté par l'aliénation, du fait que les individus seraient dominés par leurs propres produits : en cela, Marx anticipe ce qui deviendra la société de consommation à la fin des années 1960 et le consumérisme. D'aucuns parleront d'« idolâtrie du marché ». De plus, l'accumulation de capital conduirait à détruire les relations humaines, l'éthique, les sentiments : l'avoir remplacerait l'être, tout, même l'impalpable, devenant monnayable. De même, le système serait irrationnel, absurde : d'un côté surproduction, de l'autre pauvreté. Enfin, selon Marx, si le capitalisme peut être vecteur de progrès, il serait générateur en parallèle de régression sociale.

Le terme « capitalisme », très connoté « lutte des classes », a été progressivement remplacé – au fur et à mesure de la dégringolade de l'influence du parti communiste – par « libéralisme économique ». Et le libéralisme comme doctrine économique ne fait plus réellement débat en France, notamment depuis les privatisations du milieu des années 1980, bien qu'il soit toujours la cible de quelques mouvements d'extrême gauche. Désormais mondial, il n'interdit pas le contrôle de l'État pour notamment éviter les abus, que ce soit dans la finance ou dans la délocalisation des moyens de production.

À force d'avoir été employé sans contextualisation ni même sans précision quant à sa forme, le mot est devenu un terme ambigu, presque une métaphore vide de sens. En fait, le capitalisme libéral est un système économique qui repose sur des règles : reconnaissance et respect des droits fondamentaux et des droits individuels comme le droit à la vie, le droit fondamental de propriété (compris comme un fondement essentiel de tous les autres), le droit d'entreprendre, le rejet de la contrainte par la force, ce qui suppose que son établissement comme sa prospérité soient garantis par un cadre institutionnel. Par ailleurs, le principe juridique de la liberté contractuelle, garantie par la loi, est complété par la liberté des prix. Il en découle que tout régime qui ne respecterait pas ces « fondamentaux » ne saurait être qualifié de « libéral ». Jean-François Revel résume admirablement le système : « L'économie de marché, fondée sur la liberté d'entreprendre et le capitalisme démocratique, un capitalisme privé, dissocié du pouvoir politique mais associé à l'État de droit, cette économie-là seule peut se réclamer du libéralisme[1]. »

Illustration d'un capitalisme poussé à l'extrême, sans limites, avec ses excès et ses perversions notoires, les Gafam (Google, Apple, Facebook, Amazon et Microsoft), qui cassent les prix des biens marchands, des livraisons, concentrent leur marché respectif, mettent fin à la concurrence et se soucient parfois peu des aspects sociaux des salariés ou de la répartition inégalitaire des richesses. De même qu'en France ou ailleurs, les riches sont de plus en plus riches et les pauvres de plus en plus pauvres. Alors qu'historiquement, une des promesses du capitalisme résidait justement dans l'établissement d'un mode équitable de répartitions des richesses acquises.

1. *La Grande Parade*, Plon, 2000.

Communauté et communautarisme

La communauté, dans son acception courante et première, représente un ensemble de personnes vivant en collectivité ou formant une association d'ordre politique, économique ou culturel. Le mot dérive de *communité*, puis de *comunalté*, supposant une « participation en commun ». Cette notion de mise en commun suppose d'ailleurs une dynamique.

Un mot récent dérive d'un emploi plus restrictif : « communautarisme », que l'on oppose d'ordinaire à l'indivisibilité de la République et à l'unité de la nation. Ce terme, qui depuis près d'un demi-siècle aux États-Unis représente une notion positive faisant référence au droit à la différence, souffre en France d'être fortement connoté tant il est associé aux crispations identitaires faisant échec au modèle républicain d'intégration. Entré dans le *Petit Robert* en 2005, le communautarisme y est défini comme un « système qui développe la formation des communautés pouvant diviser la nation ».

Plus exactement, cette conception soutient que l'individu n'existe pas indépendamment de ses appartenances culturelles, religieuses, ethniques ou sociales, et que les individus appartiennent nécessairement à des communautés distinctes, à la fois homogènes (ce qui est le principe même de toute communauté) et endogènes (littéralement : « qui prend naissance à l'intérieur »).

Concevoir le communautarisme revient à supposer que chaque communauté entretienne peu d'échanges avec les autres, au point d'ailleurs de nourrir, par défaut de dialogue réel, des incompréhensions fondamentales, ce qui, évidemment, les empêcherait de se fondre en une seule et même communauté. Idée qui s'oppose à l'universalisme, lequel pose que les différences quelles qu'elles soient sont négligeables face à l'unicité du genre humain.

Mais l'unité n'est pas l'unicité et moins encore l'uniformité. Vouloir ne former qu'un suppose en effet de comprendre et d'admettre les différences, jugées secondaires ou annexes, au profit d'un surcroît : être et vivre ensemble. La vision ou la conception historique française repose, et cela bien avant même l'article premier de la Constitution de 1958, sur l'indivisibilité : la nation française se pense comme une, la société se pense multiple dans ses choix, sa culture, mais pas détachée du dessein de rester unis, réunis par des valeurs et des principes communs. Ce point fondamental est le fruit d'une volonté absolument démocratique, fort éloignée dans ses applications du mode de fonctionnement des sociétés anglo-saxonnes par exemple, lesquelles favorisent ou acceptent le communautarisme à condition que ce dernier s'efface si la communauté nationale qui rassemble et englobe toutes les communautés doit faire front en cas de nécessité, comme une guerre par exemple. Dans cet esprit, le communautarisme est, dans une tradition française, fortement ancrée, une force de dissidence, de dilution de l'esprit national, voire de sécession ou pire encore de séparatisme. Tout ce qui ne maintient pas l'unité agglomérée autour d'une volonté commune est compris comme sectaire, dissident.

En soi, faire société c'est en effet entretenir des relations entre personnes qui ont ou mettent en commun quelque chose ; pas uniquement une terre, mais des idéaux, des principes que chacun s'approprie et reconnaît valides. Si certains refusent cette mise en commun, ce partage, il est entendu qu'ils se séparent d'eux-mêmes de l'acte fondateur de la communauté nationale. Sauf que dans les faits, le principe de toute société n'est pas l'exclusion, mais la cohésion, la convergence de valeurs : la société reconnaît et définit son identité en fonction de ces principes, puis dans un même mouvement chaque individu les fait siens et en reconnaît la légitimité et la valeur. Ce double mouvement est le principe dynamique de toute société, faite non pas d'une somme d'éléments disparates, mais d'une volonté commune de ne faire qu'un. Pour toutes ces raisons, le communautarisme est vécu, surtout en France, comme une instance de division, de refus, un acte dangereux qui vient rompre ce qui justement ne saurait être divisé…

Étonnement donc, communauté et communautarisme désignent des réalités contraires : l'une unit, l'autre divise. Le second terme renvoie immanquablement à des sous-ensembles généralement minoritaires, bien que compris dans une société globale. La communauté première, son archétype est la famille comme lieu naturel des solidarités ; elle est le noyau exemplaire de la grande famille humaine, comme mode de structuration de la vie en collectivité. La famille fournit également un modèle qui requiert obéissance, fidélité, dépendance, en échange de quoi elle fournit à chaque membre protection, assistance, sécurité. Mais ce modèle idéal semble vite mis à mal, dans une société où l'un des groupes qui la composent ne respecte pas ces principes fondateurs.

Conservatisme / Progressisme

Ces deux mots s'affrontent comme deux antonymes et semblent souvent un peu vite recouper une réalité politique, se confondant avec la droite et la gauche parlementaire ou plutôt avec l'idée assez limitée que chacun s'en fait. À charge, les partis politiques ont souvent abusé de ces termes, comme pour insister sur une caractéristique majeure, sinon un « ADN » susceptible de résumer leur orientation ou leur projet. En soi, le mot « conservateur » dérive de *conservare*, « conserver, respecter, sauver », selon le *Dictionnaire historique de la langue française*. En conséquence, travailler à ne pas altérer. Sous la Révolution, le mot désigne celui qui entend préserver l'ordre social existant.

« Conservatisme » apparaît plus tardivement, dans un contexte politique, notamment pour désigner et traduire l'anglais *conservatism* (dès 1835).

Originellement, le « progrès » désigne la marche en avant, puis au sens figuré le développement, l'avancement d'une action puis d'un être ou d'une chose de bien ; idée que Descartes reprend pour lui donner un sens philosophique, lequel se généralisera au siècle des Lumières avec l'idée « d'évolution de l'humanité, de la civilisation vers un terme idéal », ou pour qualifier une évolution scientifique et technique. Récupéré par la sphère politique au milieu du XIXe siècle, il est vite assimilé à la « gauche » et à toute personne partisane du progrès social, économique et politique ; il est aussi alors souvent employé dans le catholicisme pour désigner le partisan d'une évolution interne, sociale et autre.

D'un côté, donc, la volonté de garder intact et, de l'autre, celle de vouloir un mieux, une amélioration, du moins théorique. Les Français affectionnent les cadres, les dénominations, les étiquettes – non sans se plaindre de leur étroitesse. Sans doute cela simplifie-t-il le discours ou permet-il d'éclaircir la position ou la situation de celui que l'on range dans une catégorie, mais les Français ne sont pas dupes non plus et savent très bien que recourir à des mots aussi marqués relève d'une rhétorique politique dont ils se lassent au point de la rejeter.

Il est pourtant très difficile de lutter contre la charge émotionnelle que certains mots contiennent, et ceux-ci finissent par devenir des poncifs. Opposer de façon primaire conservatisme et progressisme est certes faire preuve de peu de profondeur ou d'esprit d'analyse, car il est bien entendu faux d'imaginer qu'être pour le progrès porte en soi une inaltérable confiance en les promesses supposées d'un avenir meilleur ! On peut vouloir progresser sans renier certaines pratiques, habitudes ou manières d'être anciennes ; rester fidèle à des principes n'est pas se fermer à de possibles nouveautés. Pour mieux comprendre les nuances que supposent les idées de progrès et de conservation, il est certainement nécessaire de les inscrire dans le temps, sinon dans un ordre non seulement temporel, mais éternel. Plus encore, certaines idées ne s'usent pas et demeurent, non soumises à l'entropie qui frappe toute chose. Platon ne dit rien d'autre quand il affirme que l'idée du Bien, du Beau, du Vrai est éternelle et immuable.

La politique globale demande que l'on sorte des schémas traditionnels pour en repenser la dynamique, car il existe des conservatismes de gauche, comme chez Régis Debray s'opposant à la disparition des frontières, José Bové condamnant la GPA ou toute manipulation du vivant, et surtout l'écologie (traditionnellement classée à gauche) qui est foncièrement conservatrice puisque fondée sur la préservation des écosystèmes, de la biodiversité, des spécificités culturelles sinon de la qualité de vie. Par définition, l'écologie s'oppose au productivisme, au consumérisme, au progrès technique dévoreur d'énergie. Et cette tendance se retrouve dans de nombreux courants : Michel Onfray, théoricien de l'athéisme, se définit comme un « anarchiste conservateur » bien que socialiste épris des thèses de Pierre-Joseph Proudhon…

Nous sommes en réalité tous plus ou moins conservateurs : notamment en éduquant nos enfants conformément à certaines valeurs reçues de nos parents, à certaines traditions, et tous progressistes en vivant notre siècle non pas comme un amish, mais un homme ou une femme qui prend toute la mesure de son temps et des enjeux de son époque. À certains égards, tout progressiste est un conservateur qui s'ignore. Et inversement.

En fait, nous devons surtout reconnaître que cette classification assez factice est allègrement entretenue par les médias et toute une frange de journalistes, ainsi que par nombre de représentants de la classe politique elle-même, très enclins à disqualifier leurs adversaires ou opposants en les précipitant dans la catégorie jugée infâme de « conservateurs » sous-entendus rétrogrades, fixistes, mortifères. La politique demande pourtant une acuité de chaque instant, et la nécessité de clarifier sans ambiguïté de telles notions.

Démocratie

Apparu au XIVᵉ siècle pour désigner le système de gouvernement des cités helléniques de l'Antiquité, le mot dérive du grec *dêmokratia*, *dêmos* désignant le peuple et *kratos* la puissance, l'autorité. Le *Dictionnaire de l'Académie française* propose la définition suivante : « Système d'organisation politique dans lequel la souveraineté et les décisions qui en découlent sont exercées théoriquement ou réellement, directement ou indirectement, par le peuple, c'est-à-dire par l'ensemble des citoyens. La démocratie place l'origine du pouvoir dans la volonté des citoyens et soumet son exercice à leur vote majoritaire. La démocratie repose sur le principe de l'égalité des citoyens. » Le *Grand Robert* insiste également sur la notion de citoyen : « Régime et doctrine politique de l'Antiquité où la souveraineté appartient aux citoyens. » Tous les citoyens et non un seul ou quelques-uns. Nuance que souligne Montesquieu dans *L'Esprit des lois* : « Lorsque dans la république, le peuple en corps a la souveraine puissance, c'est une démocratie. Lorsque la souveraine puissance est entre les mains d'une partie du peuple, cela s'appelle une aristocratie. » On comprend mieux, dès lors, la raison pour laquelle sous la Révolution la revendication démocratique s'inscrivait en opposition à l'aristocratie.

Puis le terme a évolué, ainsi que l'explique Jacques Maritain dans un ouvrage demeuré célèbre, *Christianisme et Démocratie*[1] : « Le mot démocratie, dans l'usage des peuples modernes, a un sens beaucoup plus large que dans les traités classiques de science du gouvernement. Il désigne, d'abord et avant tout, une

1. Paul Hartmann éd., 1945 ; Desclée de Brouwer, 1989.

philosophie générale de la vie humaine, et de la vie politique, et un état d'esprit. Un régime monarchique peut ainsi être démocratique, s'il s'accorde à cet état d'esprit et aux principes de cette philosophie. » Et, parmi ces principes, Maritain introduit la compatibilité avec la dignité humaine.

Pourtant, depuis quelques décennies, démocratie et république sont souvent confondues. Et, désormais, le mot ne supporte plus la nuance. La démocratie est devenue un idéal indépassable, quasi messianique, qui va jusqu'à prétendre à l'universalisme ! Qui n'est pas dans la norme, dans la bien-pensance, devient suspect… Tout ce qui n'est pas démocratique est dictatorial. Le Bien contre le Mal ! Car, à en croire Winston Churchill, la démocratie serait « le pire des régimes à l'exception de tous les autres ».

Dès lors, a-t-on alors le droit, sans risquer d'être politiquement excommunié, de s'interroger sur la réalité actuelle de ce régime ? Gravée dans le marbre du dictionnaire et de l'Histoire, la démocratie n'en est pas moins fragile ; elle donne à chaque citoyen un pouvoir : celui de voter et de constituer une majorité qui influera sur le cours de la communauté, État ou pays. Mais est-ce aussi simple ? Quel mode de désignation de ceux appelés à nous représenter et nous gouverner ? La loi du chiffre, de la majorité à une voix garantit-elle un bon dirigeant ? Dans ses choix, le peuple aurait-il toujours raison lorsque se dégage une majorité numérique ? La majorité populaire ou parlementaire ne peut-elle pas se tromper, notamment sous l'influence de quelque intérêt, idéologie ou lobby ?

Durant ces deux derniers siècles, le mot a connu une forte désaffection qui ne va qu'en s'accélérant. Comme si le mot ne se suffisait plus à lui-même, le voici affublé de qualificatifs : démocratie directe, présidentielle, parlementaire, libérale, censitaire, populaire, chrétienne… De la démocratie à l'antique à la « démocratie participative », il y a place pour toutes sortes de variantes. La démocratie participative s'apparente à un pléonasme puisque la démocratie signifie la participation plus ou moins active de chaque citoyen. Mais le concept fait intervenir des consultations par des associations qui confisquent le pouvoir aux citoyens, intervenant dans le débat avec la force des lobbies. Comme si le mot démocratie ne se justifiait pas en lui-même, le législateur instaure la démocratie de proximité, avec la loi du 27 février 2002, qui prévoit la participation consultative des citoyens dans le cadre de conseils de quartiers, obligatoire pour les communes de plus de quatre-vingt mille habitants. Était-ce pour se fondre au monde anglo-saxon qui utilise le terme *grassroots democracy* ? Populaire, base, locale… Trois traductions possibles pour un pléonasme de plus ? À force de vouloir qualifier la démocratie, on la fragilise.

Un deuxième élément de danger trouve sa source dans les nouvelles technologies, qui permettent la diffusion en masse d'éléments parfois infondés et non contrôlés par le filtre des médias. Internet crée en effet des chambres d'écho autrement plus assourdissantes que le café du commerce, souvent plus motivées par l'émotion que par la raison. C'est le dilemme démocratique : décider au risque de mécontenter ou tenir compte des avis variés au risque de ne point décider. Voltaire le prévoyait-il quand il définissait ainsi la démocratie dans son *Dictionnaire philosophique portatif* ? « Le véritable vice d'une république civilisée est dans la fable turque du dragon à plusieurs têtes et du dragon à plusieurs queues. La multitude des têtes se nuit, et la multitude des queues obéit à une seule tête qui veut tout dévorer. »

On en revient à la dangerosité des entreprises du numérique que chaque citoyen nourrit de ses données personnelles, lesquelles se développent vertigineusement par l'intelligence artificielle et les algorithmes, capables de rendre une entreprise plus riche qu'un État et de la doter d'une force de frappe qui échappe aux citoyens. Quel pouvoir, dès lors, détient le peuple ? Et de quel peuple peut-on parler, dès lors que le mouvement est mondial ?

Les démocraties sont fragiles. Pour preuve, celle d'Athènes, qui fait office de modèle mais qui fut mise à bas au Ve siècle avant notre ère par une poignée d'oligarques ; ils considérèrent que le peuple avait trop de droits, qu'il était ignorant et sans qualités, et donc non légitime à exercer le pouvoir sur les élites. D'ailleurs, le mot « démagogue », venant du grec *dêmagôgos* qui désigne à cette époque celui « qui conduit le peuple », fut appliqué aux chefs du parti démocratique, accusés de flatter le peuple pour obtenir ses faveurs.

Dignité

Un mot simple en apparence, mais qui recèle bien des sens, souvent mal compris ou interprétés à mauvais escient. En morale, la dignité est le caractère de la personne humaine ayant une telle valeur en soi qu'elle doit toujours être traitée comme une fin et jamais comme un moyen. Contrairement aux choses qui ont une valeur relative, un prix, la personne humaine se situe très au-delà et possède « une valeur intrinsèque, c'est-à-dire une dignité », pour reprendre une formule de Kant.

L'ambiguïté de ce mot datant du XIIe siècle tient notamment à son étymologie, *dignitas*, qui signifie, selon le *Dictionnaire de l'Académie française* : « mérite, estime, considération », « charge, dignité publique », « honorabilité ». L'idée de valeur intrinsèque d'une personne apparaît plus tardivement, vers 1370. Comment ne pas citer le préambule de la *Déclaration universelle des droits de l'homme* de 1948, selon lequel « la reconnaissance de la dignité inhérente à tous les membres de la famille humaine et de leurs droits légaux et inaliénables constitue le fondement de la liberté, de la justice et de la paix dans le monde » ? Cette affirmation comme cette référence justifiera notamment les condamnations pour crime contre l'humanité dans la suite du procès de Nuremberg.

Pour inaliénable qu'elle soit, cette qualité propre à l'être humain, disons cette « valeur », n'a pas été abordée ou définie de la même façon à travers les siècles. En effet, la dignité suppose de penser la nature de l'homme et donc de s'inscrire dans une tradition de pensée : l'homme a-t-il été créé ou est-il le simple fruit d'une évolution, entre « hasard et nécessité » ? Est-il humain en raison de son esprit et animal en raison de son corps ? Ou union des deux ? Il paraît clair que deux courants de pensée se sont affrontés : les anthropologistes d'inspiration chrétienne et les matérialistes. Au XXe siècle, cette confrontation s'est parfaitement exprimée dans l'opposition entre le philosophe chrétien (thomiste) Jacques Maritain et le naturaliste athée Julian Huxley.

Deux conceptions s'opposent : la dignité de la personne humaine et la dignité désincarnée de l'individu. Selon la première, la personne est digne « corps et âme », la nature humaine est bonne, « l'homme est une âme vivante », « une haleine de vie » (Genèse 2, 7), le corps « temple de l'Esprit-Saint » (Première Épître aux Corinthiens 6, 19). La dignité étant commune à tout homme, elle induit la fraternité universelle. L'homme, bien que conçu « inachevé », contient en lui-même toutes les potentialités de la nature humaine (désir d'accomplissement et de perfection, désir du bien). Selon la loi naturelle, l'homme est un être vivant, social et spirituel. Ce qui permet d'en déduire, selon Grégor Puppinck, que « les droits de l'homme doivent protéger la vie et l'intégrité physique des personnes (être), puis leur faculté de fonder une famille (être vivant), puis celle de s'associer, de s'exprimer (être social) et enfin les libertés de la conscience (être spirituel)[1] ». Selon la seconde conception, diamétralement opposée, seul l'esprit humain est proprement humain, la dignité n'est que le fruit de l'évolution. Pierre Lecomte du Noüy écrivait en 1942, dans *La Dignité humaine* : « Le Bien consiste dans le respect de la dignité acquise en s'éloignant de plus en plus des ancêtres animaux et en obéissant aux ordres de la conscience, c'est-à-dire en contribuant aux progrès de l'évolution. » Les individus n'ont pas tous la même dignité, les hommes sont naturellement inégaux, le corps domine l'esprit, le primat de la volonté l'emporte sur tout autre, les individus sont naturellement rivaux... Cette morale profondément matérialiste deviendra la clé de voûte des profonds bouleversements éthiques et moraux intervenus au cours du XXe siècle finissant, notamment sur des sujets liés à notre rapport au corps : avortement, euthanasie, sexualité, théorie du genre, etc.

1. *Les droits de l'homme dénaturé*, *op. cit.*

Ce renversement des valeurs dites « traditionnelles » confirme la victoire du matérialisme sur la spiritualité et rompt volontairement avec l'héritage chrétien : pour preuve, le respect de la vie et de la dignité humaine sont même invoqués pour légitimer l'euthanasie, exactement *a contrario* de la conception chrétienne qui repose sur le commandement : « Tu ne tueras point »...

En soi, la dignité n'est liée ni à la force, ni à la fragilité d'un être humain, mais à sa nature. Cela suppose qu'aucun homme n'est jamais indigne, quel que soit son état de dépendance notamment.

Traditionnellement, la dignité a été introduite dans le Code civil dans un sens objectif, comme l'essence de l'homme, attachée à notre humanité. Puis, s'est lentement mais sûrement installé un mouvement de subjectivation de la dignité, dont nul ne saurait disposer et pas plus de la sienne que de celle d'autrui. Cet effet de bascule entraîne de graves incidences car, en subjectivisant la dignité, on la relativise. On voit émerger une catégorisation des personnes pleinement dignes de vivre et d'autres qui le seraient moins : vieillard en fin de vie, handicapés, embryon à certains égards...

Ainsi, la conception de la dignité qu'instrumentalisent les pro-euthanasie est purement matérialiste ; ses critères sont uniquement physiques : ne pas donner le spectacle de sa déchéance. À ce sujet, le philosophe Rémi Brague écrit dans *Le Figaro* du 6 février 2014 : « Je n'ai nul besoin de réclamer comme un droit ce que je possède déjà de toute façon comme un fait. En effet, je suis membre de droit d'une société plus large qui s'appelle l'espèce humaine. Or, tout homme étant digne, la mort de tout homme est digne. C'est notre regard sur le mourant qui peut la croire indigne. Ma propre mort ne sera pas nécessairement agréable ou paisible. Je souhaite bien sûr qu'elle ne soit pas trop douloureuse ou angoissée. J'aimerais, comme nous tous, mourir soigné, entouré, accompagné. Mais ma mort sera de toute façon digne. Ma dignité, nul ne peut me l'ôter. Elle tient à ce que je suis une personne, non à l'état dans lequel je me trouve. [...] Plus grave est la confusion de la dignité avec la maîtrise, avec la revendication d'indépendance. Perdre le contrôle sur soi-même, ce serait perdre sa dignité. Auquel cas, le suicide planifié serait la mort la plus “digne” parce qu'il me permettrait de tout contrôler, de décider et d'exécuter moi-même, et de ne pas tomber dans la dépendance d'autrui. Je voudrais ici soutenir la thèse diamétralement opposée : la dignité peut s'accommoder de la dépendance voire elle culmine dans la dépendance absolue. [...] Honte sur nous si nous ne sommes pas capables de faire sentir à ceux qui sont tentés par le suicide assisté que leur dignité ne dépend pas de ce qu'ils font mais de ce qu'ils sont. »

Il est grand temps de replacer en bon ordre nos priorités, surtout quand elles concernent notre être et sa nature profonde.

Discrimination

Discriminer : voici un verbe à l'emploi tardif issu du latin *discriminare :* séparer, diviser, distinguer, d'où l'idée de « ligne de partage ou de démarcation », lui-même dérivé de *discrimen*, « ce qui sépare », selon le *Dictionnaire historique de la langue française*. Le substantif qui lui est attaché n'apparaît qu'en 1870 pour dire « séparation ». Il deviendra courant pour désigner le fait de séparer un groupe social des autres en le traitant plus mal, comme c'est le cas dans « discrimination raciale ».

Le champ sémantique avait jusque-là préféré les verbes issus de *segregare* et *sectare*, qui eux aussi supposent une séparation pour signifier d'abord « couper » ; d'où « sécateur », « sectaire » et même « secret », dans le sens de ce qui est mis à l'écart, de côté ; d'où l'expression « être mis au secret » pour désigner l'incarcération.

Ainsi, l'acte discriminatoire a, lui aussi, pour dessein de mettre à distance et de séparer une partie du tout. Et, dans l'expression « discrimination positive », il apparaît comme un oxymore, un peu comme si l'on parlait de « divorce bénéfique » ! Comment peut-on séparer en donnant l'impression avantageuse d'un bienfait ? Étrange formule en effet. À partir du moment où un choix s'opère, le pouvoir est dans les mains de celui qui choisit, pas de celui qui est choisi. Dans tous les cas, on marque une différence, un ascendant alors même que le fonctionnement idéal de toute société est non pas seulement la cohésion, mais l'unité.

La discrimination n'est pas qu'un problème, elle est aussi une faute. Et, au nom justement de l'indivisibilité de la République, il est fort mal venu de légiférer sur ce qui justement rompt cette unité. Le problème est d'abord social et sociétal puisqu'il concerne prioritairement les minorités et la défense de leurs droits, qui en soi ne se peuvent distinguer de ceux de la majorité. Cette obsession agite un épouvantail contre l'intégrité des droits de l'homme, comme un chiffon rouge devant le museau d'un taureau camarguais. Distinguer les hommes par catégorie, suivant leur origine, leur culture, leur ethnie, leur couleur de peau finit par créer non seulement une hiérarchie absolument contraire au désir d'unité et à sa conservation, mais aussi autant de catégories qu'il y a d'individus concernés.

Les principes sont pourtant clairs, et forment devise : égalité (en droit et donc de traitement), liberté (selon la loi), fraternité (au nom de la commune humanité qui nous lie).

La discrimination est intimement liée à la gestion calamiteuse des flux migratoires, aux délicats problèmes de l'intégration dans le système de couches socio-culturelles naturellement peu privilégiées et qui peinent à trouver une place, voire une formation, au sein d'un pays où le statut dépend du mérite : la méritocratie croyait remplacer avantageusement l'aristocratie, mais l'application généreuse des principes n'a pas suivi. Et le débat est sans cesse réactivé par ceux qui sont floués, ceux qui se croient mis en danger ou qui ont intérêt à le faire croire.

Une forme de « tyrannie des minorités » s'ajoute à la tyrannie d'élites de plus en plus médiocres et, sous couvert de revendiquer la liberté (de principe), ce sont en réalité, non des « droits-libertés » (dits de première génération des droits de l'homme), mais bien des « droits-créances » (dits de seconde génération) qui sont exigés par les militants LGBT et féministes, par exemple. La pente est de plus en plus raide, et nous assistons, impuissants, à la « pulvérisation du droit objectif en droits subjectifs » selon Jean Carbonnier dans *Droit et passion du droit sous la Ve République*[1]. Le gouvernement ne raisonne plus en termes d'intérêt général à long terme et de cohésion de la société, mais en termes de droits particuliers immédiats d'individus et de groupes. Constat : les politiques mises en place

1. Flammarion, coll. « Champs essais », 2008.

ne fonctionnent pas ; il faut donc un coupable et, en bonne logique, il est forcément celui qui justement « sépare », à savoir, l'homme blanc hérétosexuel et *a fortiori* chrétien, ou autrement dit, le « catho réac, raciste et homophobe »...

Anne-Marie Le Pourhiet, professeur de droit constitutionnel, résume parfaitement les contradictions de la situation actuelle : « Les critiques de l'époque contemporaine émanent non plus de classes sociales au sens marxiste du terme, mais de catégories sociétales de plus en plus variées (femmes, homosexuels, handicapés, obèses, minorités ethniques, religieuses ou territoriales, etc.) qui revendiquent à la fois la reconnaissance et l'institutionnalisation de leurs différences, mais aussi paradoxalement une égalité de fait alors pourtant que celle-ci est bien plus uniformisatrice que l'égalité de droit. La revendication multiculturelle revient à l'exigence de prise en compte de l'homme situé dans ses appartenances et somme l'État de rendre justice à toutes les différences et de faire droit à toutes les singularités. Ce droit à la différence est cependant d'abord présenté comme une demande d'égalité juridique absolue tendant à exclure en principe toute différenciation juridique. C'est ainsi que les normes européennes et nationales se sont progressivement chargées d'une énumération sans fin de toutes les discriminations interdites. Au moment même où le mouvement multiculturel prétend interdire ces discriminations, il ne cesse pourtant d'en réclamer de nouvelles sur la base des critères prétendument interdits et... toujours au nom de l'égalité. [...] On interdit de discriminer sur critère religieux, mais l'on exige moult dérogations (alimentaires, scolaires, vestimentaires, horaires, etc.) sur cette base. On interdit de discriminer en raison des opinions politiques, mais l'on réclame sans cesse de nouvelles incriminations pour l'expression d'opinions jugées offensantes pour les minorités. Surtout, les mêmes minorités qui exigent la lutte contre les discriminations réclament le bénéfice de "discriminations positives", c'est-à-dire de passe-droits et dérogations institués à leur profit et donc au détriment des autres. Le discours devient ainsi obscur et logiquement incohérent puisque chaque catégorie réclame à la fois le droit à la différence et le droit à l'égalité[1]. »

Toutes ces minorités, qui craignent toute forme de discrimination comme de sectarisme, ont-elles raison de créer de nouvelles occasions de se séparer de ce tronc auquel elles veulent probablement appartenir ? La cohésion est sans doute à réinventer sans cesse. Comme la démocratie, l'unité ne doit pas être rêvée, mais s'étendre à tout ce qui la renforce.

Droite / Gauche

Être de droite ou de gauche… Il semble que cette distinction tende à être dépassée, soumise désormais à une autre logique, celle entre « conservatisme » et « progressisme ». Originellement, la notion renvoyait à la disposition des différents partis de la représentation nationale dans l'hémicycle depuis 1789. La droite était alors occupée par les royalistes et les partis soutenant le roi, la gauche par ses opposants. Et cette opposition volontairement « clivante » a fini par caractériser des

1. « L'égalité », *in* Serge Guinchard (dir.), *Le Grand Oral. Protection des libertés et des droits fondamentaux*, Lextenso, 2012, pp. 699-724.

courants politiques ayant des valeurs spécifiques, ou plutôt caractéristiques de leur orientation.

Traditionnellement, la droite est éprise de liberté et donc affectionne le libéralisme politique ainsi qu'économique (comme la liberté d'entreprendre), elle aime et défend l'ordre, la propriété privée, la sécurité, les traditions et un certain conservatisme, la notion d'autorité, la justice pénale, le non-interventionnisme de l'État… Mais ce sont là des directions, des principes communs non réducteurs. La gauche s'enracine dans d'autres références telles que l'égalité, la solidarité, la tolérance, la liberté des mœurs, la justice sociale, une certaine idée du progrès, la planification économique, l'interventionnisme de l'État, etc. Cette distinction ou cette opposition, qui fut souvent très marquée dans notre histoire, tend à être dépassée pour plusieurs raisons : la mondialisation et la généralisation du système capitaliste, du marché ouvert et de la concurrence, l'évolution de la technique qui suppose une redéfinition du travail comme du droit, les évolutions culturelles et des mœurs, dites sociétales, la création de l'Europe et de tendances politiques plus larges comme le parti populaire européen ou les partis souvent composites d'extrême gauche et d'extrême droite, sans oublier la montée en puissance de l'écologie non plus comme valeur transversale, mais comme politique de parti.

Les divergences entre droite et gauche se sont lentement effacées sur les questions économiques, moins sur les questions sociétales et culturelles qui renvoient en somme à deux façons d'aborder le monde et à deux manières de penser. C'est justement ce qu'expliquait Emmanuel Macron en 2014 à la Fondation Jean-Jaurès, selon Jean-Christophe Cambadélis : « Il n'y a plus de divergences, plus d'économie de gauche ou de droite. […] Le seul clivage qui vaille est sociétal[1]. »

Sans doute aussi que l'opposition de principe qui fondait et légitimait ces deux blocs devenus plus poreux s'est vue amoindrie par la montée en puissance du discrédit de la parole politique, quelle que soit son orientation, ainsi que d'un antiparlementarisme latent. Le « tous pourris » a favorisé l'effacement des oppositions. Le populisme et des politiques foncièrement radicales ou antisystèmes, sans compter le renouveau des tendances identitaires nationalistes, ont rebattu les cartes et quelque peu brouillé le jeu.

Et pourtant, historiquement, droite et gauche sont séparées par de grandes différences de nature, souvent enracinées dans de très anciens conflits religieux. Le dogme de l'égalité voire l'égalitarisme à gauche, justifié souvent par une jalousie inavouée de celui qui n'a pas à l'égard de celui qui a sans conteste favorisé un individualisme que la droite condamne… Pour la droite, la recherche du bien commun passe par l'acceptation des réalités dans leur complexité, plus que par une utopie. De surcroît, elle trouve une justification particulière dans l'héritage chrétien, dans le culte du « bon sens », du pragmatisme.

Jean-Louis Harouel écrit dans *Le Dictionnaire du conservatisme*[2] : « La fracture entre populisme et progressisme, entre "France d'en bas et France d'en haut", selon la formule imagée de Christophe Guilluy, entre perdants et gagnants de la mondialisation, entre partisans de l'enracinement et apôtres de libre circulation

1. *Chronique d'une débâcle : 2012-2017*, L'Archipel, 2017.
2. Sous la direction de Frédéric Rouvillois, Olivier Dard et Christophe Boutin, Cerf, 2017.

des hommes, des choses, des capitaux et des emplois – tout cela s'inscrit dans la traditionnelle opposition d'idées entre la droite et la gauche. » Sans pour autant vouloir contredire Jean-Louis Harouel, il semble bien, pourtant, que les dissensions de jadis s'appauvrissent et se tarissent doucement pour faire place à une espèce de consensus souvent fade.

Droits de l'homme

Les droits de l'homme sont un concept à la fois philosophique, juridique et politique, selon lequel tout être humain possède des droits universels, inaliénables, quel que soit le droit positif ou d'autres facteurs locaux tels que l'ethnie, la nationalité ou la religion.

Contrairement à une idée répandue, ils ne sont pas nés du siècle des Lumières ou de la Révolution française. Différentes versions bien plus antérieures s'empilent les unes sur les autres jusqu'à se contredire parfois. Si on en trouve des traces dès l'Antiquité, à certains égards dans le Code de Hammourabi établi à Babylone vers 1760 avant J.-C., il est communément admis que les grands textes fondateurs nous viennent d'Angleterre ; dont notamment la *Petition of Right* (1628), l'*Habeas Corpus Act* (1679) et le *Bill of Rights* (1689). D'autres variantes apparaissent aux États-Unis, le *Bill of Rights* américain (1789), en partie copié par Thomas Jefferson pour la déclaration des droits humains incluse dans la Déclaration d'indépendance des États-Unis du 4 juillet 1776. Puis vint en 1789 la Révolution française qui voulut changer l'humanité en changeant l'homme : le paradis égalitaire sur terre en détruisant la société existante jugée corrompue.

Les droits de l'homme deviendront universels en 1948 lorsque l'Onu s'en est emparée pour une déclaration solennelle. « Les hommes naissent libres et égaux en droit et en dignité. » L'article premier accorde tout le monde : qui s'y opposerait ? Mais, l'Onu se seraitelle prise pour Moïse descendant de la montagne avec les Tables de la Loi confiées par Dieu pour protéger son peuple ? La question n'est en rien provocatrice dès lors que les droits de l'homme s'imposent dans le monde comme une religion universelle qui pourrait n'être qu'au fond qu'une vision par trop occidentale, frappée d'esprit franco-anglo-saxon. Faut-il rappeler qu'en 1948, l'URSS n'avait pas voté le texte ? L'Orient et l'Extrême-Orient ont-ils les mêmes vues sur des droits qui incitent à une organisation politique ? Un idéal humaniste peut-il s'imposer comme jadis à l'Est l'idéal communiste ? Il ressemble à un idéal chrétien qui aurait gommé le nom de Dieu ; une forme de catéchisme athée. Et puis, de quel homme s'agit-il pour lui conférer des droits : un « être humain » (art. 1), un « individu » (art. 3), une « personne » (art. 9) ? En 1789, les révolutionnaires mentionnaient « l'homme et le citoyen » comme s'il fallait partager les deux. Comment peut-on imposer des droits quand la définition anthropologique de l'homme n'est pleinement pas partagée ? Loin de cette définition attendue ou espérée, l'homme des droits de l'homme semble être le fruit produit par une certaine vision de la démocratie libérale.

Les papes, Pie VI d'abord dans son encyclique *Adeo nota* (avril 1791), fustigèrent les droits de l'homme comme contraire aux lois naturelles voulues par Dieu. Puis Pie IX (*Quanta cura*) et Léon XIII (*Diuturnum illud*) insistèrent sur cette malhonnêteté intellectuelle qui transpose les idéaux révolutionnaires français pour un ordre moral laïque dénué de sens dès lors que la Cause de tout en est volontairement ôtée. Jean-Louis Harouel signale que « les garanties offertes aux citoyens par la démocratie libérale ont été remplacées par la souveraineté de l'individu (à condition qu'elle aille dans le sens progressiste) et par une compassion cosmique indifférentes aux États et aux nations[1] ». Les dérives sont patentes. Sous couvert de combat contre les discriminations, nous assistons à une prolifération de droits individuels : mariage, euthanasie au nom de la dignité... L'accent est mis sur les droits et non pas sur les devoirs des hommes les uns vis-à-vis des autres. Ce qui est regrettable : l'homme a autant de devoirs que de droits. Enfin, cette doctrine ne protège plus les institutions telles que la nation, le peuple, la cité ou la famille. C'est oublier que les hommes s'inscrivent dans des groupes possédant leur propre histoire.

Paradoxalement, ces droits de l'homme s'opposeraient-ils au peuple ? Comme le notait Marcel Gauchet, cité par Jean-Louis Harouel dans une interview au *Figaro* à l'occasion de la sortie de son livre, les démocraties européennes font des droits de l'homme leur politique, et se condamnent à l'impuissance collective. Comment traiter les questions migratoires si la religion droit-de-l'hommiste – l'expression est du général de Gaulle – empêche toute décision locale ? Verrouillé par la Cour européenne des droits de l'homme (CEDH), le pouvoir ne peut pas s'exercer sans cette incontournable table de lois, cette « morale d'État » qui handicape l'action politique. Est-il encore

1. *Le Dictionnaire du conservatisme*, *op. cit.*

libre ? Depuis 1988, la CEDH regroupe quarante-sept pays. En près d'un demi-siècle, la juridiction a rendu plus de dix mille arrêts. Les décisions sont obligatoires et les États concernés sont conduits à modifier leur législation ou leur pratique administrative pour se conformer aux textes conventionnels régulièrement enrichis par la jurisprudence. Cette jurisprudence, considérée comme un instrument réactif et puissant pour consolider l'État de droit et la démocratie en Europe, empêche toute évolution naturelle d'une nation à disposer d'elle-même. Elle contredit la démocratie en pétrifiant, en figeant non plus un état d'esprit, mais un esprit de l'État. Ce n'est autre que la fin de la souveraineté nationale. Et la fin des droits de l'homme conçus comme protecteurs des citoyens contre le pouvoir.

Écologie

Science, avant que d'être un mouvement politique, l'écologie vise l'équilibre entre les vivants. Créé en 1866 par le biologiste et zoologiste darwiniste allemand Ernst Haeckel, ce terme – longtemps resté confidentiel, sauf pour quelques rares spécialistes – était issu de *ôkologie*, composé du grec *oïkos,* « maison, habitat », et de *logos,* « discours ». Par extension, ainsi que le précise le *Dictionnaire de l'Académie française*, l'écologie est la « science qui étudie les corrélations entre les êtres vivants et le milieu qui les entoure ». C'est également l'étude des « conditions nécessaires au développement harmonieux des êtres vivants : mesures propres à assurer la survie des espèces existantes, élimination des facteurs qui menacent l'équilibre biologique, etc. Les tenants de l'écologie estiment que le progrès technique provoquera, s'il est incontrôlé, une rupture dangereuse entre l'homme et son milieu. »

La notion d'écologie est également dérivée des travaux de l'économiste britannique Arthur Cecil Pigou, précurseur de l'économie de l'environnement, qui, en 1932, a mis en évidence le concept d'externalité, lequel caractérise le fait qu'un agent économique crée, par son activité, soit un effet externe utile soit une nuisance. Plus proche de nous, Bertrand de Jouvenel, dans son ouvrage *Arcadie : essais sur le mieux-vivre*[1], fut l'un des premiers à prendre conscience de l'importance politique de la gestion de l'environnement ; plus précisément des rapports indispensables d'équilibre qu'il convient d'établir entre l'homme et la nature. « Aucune valeur, écrivait Jouvenel dans *Le Monde* du 23 septembre 1969, n'est donc attribuée au milieu naturel qui nous est donné. Aucun compte n'est tenu des emprunts qui lui sont faits ni des détériorations qui lui sont infligées : tout cela est étranger au calcul économique qui, par-là, va égarer l'action humaine de façon toujours plus grave. »

Bref, le développement harmonieux des êtres vivants, voilà qui devrait être une loi ou une évidence. Mais, au fil des dernières décennies, l'écologie s'est teintée de politique, non au sens noble, pour la bonne gestion de la société, mais au sens trivial, celui d'une lutte des idées et des classes. En joignant le mot « social » à l'écologie, les mouvements de gauche prônent une redistribution des richesses et la création de nombreux emplois à faible valeur ajoutée (sans quoi on pencherait vers le rendement et la croissance). En proposant de la technique, de l'ingénierie, les mouvements de droite

1. SEDEIS/Futuribles, 1968 ; Gallimard, coll. « Tel », 2002.

prennent l'écologie comme un marché, développant une véritable industrie des déchets, de l'eau, de l'énergie. Qu'ils soient de gauche ou de droite, les politiques créent des normes environnementales contraignantes et pointent du doigt l'industriel polluant comme le citoyen consommateur. L'écologie mêlée de politique n'offre pas les vraies solutions. Pour autant, il convient de ne pas opposer écologie et économie… Notons qu'il est fort curieux de constater que les écologistes ne parlent que d'environnement et rarement de « nature »…

Nous sommes loin du développement harmonieux des êtres vivants. Pourtant, la nature est fragile. L'accélération des inventions technologiques aggrave les limites de la nature et sa vulnérabilité. Qu'elle reprenne ses droits et la force l'emporte : ouragans, tsunamis, éruptions volcaniques, mutations d'espèces… L'équilibre est incertain et mérite la plus grande attention pour être préservé. Nous le savons, l'activité humaine a déséquilibré l'ordre naturel.

L'un des principaux facteurs de déséquilibre est démographique. Nous sommes mal organisés pour vivre si nombreux. Comment nourrir tous les humains, leur donner accès à l'eau potable ou les vêtir sans user les sols et assécher les terres ? Comment les loger sans rogner sur les ressources naturelles nécessaires à la qualité de l'air, à l'agriculture, aux équilibres naturels incontournables pour l'épanouissement de la vie ? Cette (ré)organisation est vitale à l'échelle de la planète, non pas à travers la norme européenne des concombres (heureusement abrogée en 2009 !) mais par une planification rigoureuse de l'activité mondiale.

L'écologie est devenue une prise de conscience collective, contrainte souvent, généreuse parfois. Vivre autrement, dans le respect et la quête des équilibres naturels, semble une tendance bien ancrée chez les jeunes, acceptée par leurs aînés. Les technologies les plus modernes viennent au secours de l'agriculture, les industries jouent la sobriété. Notre système économique fondé sur le pétrole et ce qui en découle (plastiques, carburants, etc.) est d'ailleurs en train de changer. Il convient ainsi d'accepter que les équilibres relèvent souvent du bon sens : ne pas chercher ce que nous ne pouvons pas nous procurer. Au demeurant, être écologiste, c'est aussi être conservateur : le défi écologique suppose de préserver ou conserver ce qui doit demeurer... Notons également que nous nous intéressons de plus en plus à l'écologie alors même que nous n'avons jamais été aussi éloignés de la nature qu'aujourd'hui, à vivre dans les villes, de manière consumériste.

Il y aurait alors une forme d'écologie intellectuelle visant à refonder nos demandes dans un esprit d'équilibre. C'est sans doute la figure de « l'honnête homme » du XVIIe siècle qui, loin de nous renvoyer dans le passé, remet au quotidien le bon sens.

Une piste de réflexion. Le plus innovateur en matière d'environnement restera sans aucun doute Michel Serres et son *Contrat naturel*[1] publié en 1990, puis réédité en 2018, dans lequel il propose « d'élever la nature au rang de sujet de droit ». Aujourd'hui, tout contrat se limite aux rapports entre les hommes, des institutions ou des entités juridiques. Michel Serres va beaucoup plus loin : il estime qu'il peut y avoir contrat entre les hommes, les institutions... et des choses. « Nous dépendons désormais des choses qui

1. François Bourin-Julliard, 1990 ; Flammarion, « Champs essais », 2020.

dépendent de nous », écrit-il. Et il ajoute : « Sous peine de mort, il faut donc désormais renverser cette vieille coutume et considérer que nos politiques et notre droit vivent avec et dans le monde, par lui, pour lui et de lui. » Et de poursuivre : « Le changement global qui s'amorce aujourd'hui non seulement amène l'histoire du monde, mais transforme aussi la puissance de ce dernier en précarité, en une infinie fragilité. Victorieuse jadis, voici la Terre victime. [...] Les grands contrats fondamentaux demeurent tacites, le contrat naturel reconnaît un équilibre entre notre puissance actuelle et les forces du monde. »

Une digression. C'est sans doute cette écologie intellectuelle qui prévaut, au-delà de la morale, dans la réflexion sur la bioéthique. La nature humaine est elle-même aussi fragile que la nature, et le développement insensé de la technique la fragilise encore. Ne serons-nous pas effarés devant les « miracles » de la science lorsqu'elle se posera sur les délires transhumanistes ? Quand conceptions sans sexe et naissances artificielles révéleront l'impossible retour en arrière ? Quand la technique médicale effacera la distinction fondamentale entre l'homme et l'animal ou entre l'homme et la femme, quand elle permettra à un homme de concevoir, porter et accoucher d'un enfant ? Pourquoi ne contrôlons-nous pas les évolutions médicales au niveau mondial, comme c'est le cas – encore timidement, il est vrai – pour l'environnement, afin d'éviter les errements irréversibles ?

Égalité

À quelques nuances près, les Français d'aujourd'hui semblent davantage attachés à l'égalité qu'à la liberté. La plupart a oublié qu'elle trouve son fondement dans le christianisme, où tous sont égaux devant Dieu : « Il n'y a pas de différence entre les hommes, car tous ont péché et n'atteignent pas la gloire de Dieu » (Épître aux Romains 3, 23), ou encore : « Vous êtes tous fils de Dieu [...] ; il n'y a ni Juif ni Grec, il n'y a ni esclave ni homme libre, il n'y a ni homme ni femme ; car tous vous ne faites qu'un dans le Christ Jésus » (Épître aux Galates 3, 26-28).

L'égalité évoluera au fil des siècles comme une revendication clé jusqu'à devenir un des fondements de la Révolution française. Robespierre affirmait : « L'essence de la république ou de la démocratie est l'égalité. » Mais *in fine*, l'égalité a été mal comprise et surtout mal appliquée. Car, si nous sommes, comme le stipule la Déclaration des droits de l'homme, tous nés égaux devant la loi, tous également égaux de nature pour appartenir à la même espèce, nous ne jouissons pas tous du même degré de santé, de la même intelligence – Montesquieu estimait que les paysans ont plus de bons sens... –, des mêmes dispositions physiques. Sommes-nous égaux en force, en fortune, en beauté, etc. ?

L'égalité de principe ne suppose pas davantage de chercher l'uniformité pour satisfaire à un égalitarisme étranger à l'idée même d'égalité qui est un droit universel d'abord devant la loi. Comment non plus ne pas remarquer que les plus obsédés par l'égalité sont ceux qui souvent refusent de croire ou d'admettre que les autres sont leurs égaux ? La revendication d'égalité dissimule aussi fréquemment une jalousie de ce que l'autre a ou est. Et pour un citoyen conscient de jouir de sa liberté, l'inaliénabilité de l'égalité de droit ou de fait ne saurait avoir pour but un égalitarisme où le nivellement impose une nouvelle forme de discrimination même positive. Cela revient à forcer le destin que d'imposer, par exemple, une mixité sociale aux concours d'entrée de grandes écoles comme Sciences Po. Il ne faut pas non plus éliminer la concurrence et l'émulation en voulant niveler par le bas. Rendre accessible ne doit pas être rendre facile, ou alors l'égalité devient une contrainte qui souligne la ségrégation sans l'abolir.

L'idée d'égalité suppose davantage un équilibre que la volonté d'égaliser. Peut-être aussi avons-nous un peu trop tendance à confondre égalité et justice. Il suffit pour s'en convaincre de constater que toute injustice (y compris physiologique) est appréhendée comme mettant en cause l'égalité devant la loi. L'égalité à tout crin devient, sans même que la société s'en aperçoive, la mise en œuvre d'un progressisme qui tend à niveler et égaliser sans se soucier de l'équilibre ni de l'harmonie.

En somme, il serait préférable, et de loin, d'invoquer l'équité au lieu de dresser la parité en norme, car elle défend un système (et un mode de pensée) qui adapte les ressources aux besoins de chaque individu pour que tout le monde réussisse. La parité devenue loi, contrainte censée corriger une injustice, est aujourd'hui partout présente, à l'Assemblée nationale, dans les conseils d'administration des sociétés importantes – ce qui sous-entend que les femmes ne seraient pas capables, par elles-mêmes, d'accéder à ces fonctions et qu'elles auraient besoin de la loi pour y parvenir. On passe subrepticement d'une égalité des chances à une égalité de fait, c'est-à-dire à une exigence de résultats voire à une contrainte de résultats. De même, paradoxe symptomatique de la discrimination positive, la PMA dite « pour toutes » : la parité qui est promue partout, au Parlement et au gouvernement, dans les organes étatiques et les conseils d'administration, comme on l'a dit, mais qui est paradoxalement oubliée de la cellule de base de la société qu'est la famille. Le seul qui n'aura pas droit à la parité, en l'occurrence de ses parents, c'est l'enfant.

La France, mais elle n'est pas la seule, est devenue terre de contradictions. En quelques décennies, les revendications ont changé de camp. Elles n'émanent presque plus des classes sociales, de la base selon une rhétorique marxiste, mais de catégories sociétales aussi diverses que variées, pour la plupart minoritaires, femmes, handicapés, homosexuels, transsexuels, groupes ethniques ou religieux, etc., qui, « en même temps » entendent faire reconnaître et institutionnaliser leurs différences et bénéficier d'une égalité de fait. Les normes européennes et nationales sont devenues une interminable liste de toutes les discriminations interdites. Ces groupes n'ont de cesse d'en exiger de nouvelles, au nom de l'égalité. Cette dictature des minorités conduit à un paradoxe : chaque catégorie réclame à la fois le droit à la différence et le droit à l'égalité. Dans l'école publique, où il est interdit de différencier sur des critères religieux, on sollicite des exceptions alimentaires, vestimentaires, ou autre. Idem pour les opinions politiques : la liberté d'expression est revendiquée, mais il faudrait la restreindre pour certaines minorités s'estimant offensées et qui, dans le même temps, veulent profiter de discriminations positives. De ce point de vue, le propos d'Anne-Marie Le Pourhiet, professeur de droit constitutionnel, dans

Le Figaro du 17 mars 2017, est édifiant : « Ce type de mesures préférentielles a un coût social, moral et politique très lourd. Il renforce d'abord le communautarisme dont il est issu en incitant les individus à s'inscrire dans un groupe pour pouvoir bénéficier des avantages accordés et en perpétuant ainsi les assignations à identité. Une société qui remplace la méritocratie républicaine par la médiocratie sociétale et instaure un système où les catégories ethnoraciales et sexuelles se "partagent le gâteau" se met en péril et menace gravement la paix civile. »

Le droit positif, écartelé entre ces revendications contradictoires, peine à produire un ensemble normatif cohérent et lisible.

État de droit

L'« État de droit » suppose que la puissance publique qui a compétence pour édicter le droit se trouve elle-même soumise aux règles juridiques qu'elle fixe. L'expression, employée sans relâche surtout par les médias et, plus encore, par les politiques, recouvre pourtant une notion assez floue.

En fait, il s'agit d'une doctrine politico-juridique née en Allemagne à la fin du XIXe siècle, selon laquelle la puissance publique est soumise au droit. Pour être plus clair, cette doctrine a été « forgée par des juristes, selon Jacques Chevallier dans *L'État de droit*[1], avant tout pour répondre à l'exigence de fondation du droit public : machine de guerre contre l'omnipotence parlementaire, la théorie privilégie une conception purement formelle

1. Montchrestien, 1999 ; LGDJ, coll. « Clefs politiques », 2017.

de la hiérarchie des normes, en faisant l'impasse sur les valeurs sur lesquelles elle repose ». Cette conception générale, dont « l'objectif poursuivi est d'encadrer et de limiter la puissance de l'État par le droit », recouvre « cependant des visions assez différentes du rapport entre l'État et le droit : l'État de droit c'est tantôt l'État qui agit au moyen du droit, en la forme juridique, tantôt l'État qui est assujetti au droit, tantôt encore l'État dont le droit comporte certains attributs intrinsèques ; ces trois versions – formelle, hiérarchique, matérielle – dessinent plusieurs figures possibles, plusieurs types de configurations de l'État de droit ».

Ceci étant posé, il paraît évident que la notion est plus que délicate à aborder et que s'en servir à tout-va relève plus de la rhétorique politique que d'une réelle connaissance du droit : l'expression rassure, elle a l'avantage de contenir des mots qui mettent en confiance, « État » et « droit », qui pour le citoyen de base signifient ce qu'il veut bien leur faire dire, et jamais cette cheville de langage n'est définie ou éclairée par personne. Le professeur de droit constitutionnel Guillaume Drago propose une définition « accessible » de la notion : « L'État de droit est l'État qui, étant à la fois esclave et protecteur des libertés, tire sa légitimité de son aptitude à les développer, et à s'y soumettre. Pour que cette “mission-soumission” caractéristique de l'État de droit soit menée à bien, deux conditions doivent être réunies. Il faut d'une part que l'action des gouvernants soit enserrée dans une hiérarchie des normes, au sommet de laquelle figure la Déclaration des droits, d'autre part que les juges soient suffisamment indépendants pour en sanctionner la méconnaissance. » Et de préciser : « Une distinction classique oppose État de police et État de droit. Dans l'État de police, les règles protectrices des libertés ne s'imposent qu'aux personnes privées, alors que dans l'État de droit, elles s'imposent aux pouvoirs publics[1]. » Précisons aussi que l'État de droit s'arrête là où commence la raison d'État, qui est, selon Chantal Delsol[2], « l'impératif au nom duquel le pouvoir s'autorise à transgresser le droit, pour la sécurité du public, en cas de circonstances exceptionnelles ».

Cela met en lumière un paradoxe assez troublant, puisque la protection renforcée des libertés publiques s'impose non seulement aux personnes privées, mais au pouvoir public, attestant d'une évolution des mentalités, devenues très sensibles aux droits fondamentaux, notamment sous l'influence des Cours constitutionnelles européennes et de leurs jurisprudences : « La doctrine de l'État de droit, poursuit Guillaume Drago, devient celle des libertés publiques et individuelles, de la défense des droits fondamentaux contre tous les pouvoirs, exécutif, législatif voire judiciaire, comme c'est le cas en Italie ou en Allemagne. » Ce qui évidemment affecte la nature même du droit constitutionnel : « C'est une idée de réalisation de l'État de droit qui domine le droit constitutionnel moderne », explique Louis Favoreu dans une étude fondamentale, « Le Droit constitutionnel, droit de la Constitution et constitution du droit[3] » : « Toutes les institutions (y compris le Parlement) sont soumises au respect des règles de droit et notamment celles qui protègent les

1. *Contentieux constitutionnel français*, PUF, coll. « Thémis Droit », 2020.

2. « L'État de droit et la situation exceptionnelle », *Le Figaro*, 22 septembre 2016.

3. *Revue française de droit constitutionnel*, 1990.

droits fondamentaux ; en sorte qu'elles ne peuvent limiter ceux-ci ou leur porter atteinte qu'en utilisant les voies normatives appropriées, et donc, en fait, en obtenant les majorités exigées pour adopter telle ou telle limitation. Ainsi il apparaît que les trois objets du droit constitutionnel moderne – institutions, normes et libertés – sont étroitement liés et ne forment qu'un même ensemble. »

En décembre 2020, la Hongrie et la Pologne ont mis leur veto au plan de relance du Parlement européen conditionné au respect de l'État de droit, provoquant une crise politique. À cette occasion, Judit Varga, ministre de la Justice hongroise, dans un entretien au *Point* en décembre 2020, a très bien mis en évidence les conséquences de ce point capital : « Le principal problème est que les critères de l'État de droit ne sont pas définis de manière précise. L'État de droit est un concept formé par l'assemblage lâche de principes fondamentaux. L'on ne peut pas bâtir de mécanisme de sanction là-dessus. […] Il existe un pays où la Cour de justice de l'Union européenne a déclaré que le Parquet de ce pays ne pouvait pas être considéré comme pouvoir judiciaire indépendant en raison de l'influence politique directe à laquelle il est soumis. Dans un autre, on a interdit la pratique du référendum parce qu'il troublait le gouvernement. Et il existe des pays où il n'y a pas de cour constitutionnelle, et d'autres encore où les responsables politiques ont légalement le droit d'influencer la nomination des juges. Tous ces pays ont un point commun : à savoir que ni la presse ni l'Union européenne ne voit chez eux de manquement à l'État de droit. Et c'est cela le vrai problème. »

La rhétorique politique ambiante ferait mieux de trouver un référent moins ambigu et, quand il s'agit de défendre les droits, que ce soit ceux de l'État ou ceux de la personne, il serait plus profitable d'en appeler par exemple à l'unité voire l'indivisibilité de la République, et donc de ses principes, plutôt qu'à une expression très juridique et, avouons-le, un peu fourre-tout.

En fait, nous assistons au passage de l'État de droit à des « tas de droits » invoqués pour tout et n'importe quoi, surtout à la défense des droits au profit de minorités… Mais sans doute n'est-il pas politiquement correct de le rappeler.

État profond

On compare souvent, et à juste titre, l'État à un millefeuille, notamment pour ce qui concerne l'administration territoriale. La métaphore est parlante. Mais cette pâtisserie-là n'est guère appréciée des Français, qui la trouvent aussi stupide qu'indigeste.

Parmi ces couches qui se superposent, l'État « visible » se présente sous la forme d'institutions aisées à repérer et identifier, comme l'administration des impôts ou les préfectures. Mais il en existe un autre, plus discret, « invisible », que certains qualifient d'État « profond ».

L'universitaire Pierre Guerlain tente de cerner le concept en septembre 2020 sur le site Internet de la revue de Michel Onfray, *Front populaire* : « L'expression "État profond" pose un problème sémantique et idéologique complexe. Lorsque Macron l'a utilisée à plusieurs reprises en 2019, notamment à l'occasion du sommet du G7 à Biarritz, il a occasionné beaucoup d'étonnement et de condamnations. Les journaux dominants ont évoqué les origines complotistes de cette notion et le fait que sa version américaine, *deep state*, soit fréquemment utilisée par Trump pour dénoncer les médias ou les services secrets de son pays. » Et de tenter d'en trouver les origines : « L'expression "État profond" vient de Turquie où, dans les années 1960, elle aurait été utilisée par le Premier ministre Bülent Ecevit pour évoquer un service clandestin de contre-guérilla de l'armée. Le concept a voyagé et a été utilisé dans divers contextes historiques, mais la filiation retenue pour expliquer son apparition en France passe par les États-Unis. *Le Monde* évoque à ce propos "un fantasme, celui d'une administration parallèle où se côtoieraient financiers de haut vol, honorables correspondants des services de renseignement, hommes politiques, hauts fonctionnaires". Cette opinion est celle des médias dominants qui voient dans l'utilisation de l'expression une prérogative des sites complotistes d'extrême droite. En effet, l'extrême droite xénophobe américaine et des organes de presse tels que Breitbart ou Fox News utilisent cette expression pour dénoncer ou décrédibiliser les opposants à Trump. »

Il n'empêche que nous ne sommes pas confrontés à un fantasme, mais à une réalité ; non pas immédiate, mais comme enfouie dans les profondeurs de la structure étatique. Cet « État » dans l'État désigne un « personnel » : la haute administration, les hauts fonctionnaires souvent issus de l'ENA, mais aussi les lobbies, certains réseaux très influents (*think tanks*, cercles, franc-maçonnerie, etc.) qui interfèrent entre le peuple et les gouvernants élus, et qui souvent (dans l'esprit de celui qui utilise ce mot) bloquent des réformes, ou les étouffent dans l'œuf, en les réduisant à l'état de projet sans suite.

L'essayiste Idriss Aberkane précise la notion d'État profond, dans la même revue en ligne : « Des gens, presque interchangeables, qui s'habillent pareil, se coiffent pareil et plus grave pensent tous pareil, des gens jamais élus et pour qui souvent, l'élection est méprisable, qui s'interposent entre le peuple et son gouvernement pour enrayer toute expression démocratique. L'État profond, c'est tout simplement le pire et le plus absolu des ennemis de la démocratie, parce qu'il lui est intérieur et intime. Si Talleyrand avait énoncé que "le meilleur moyen de renverser un gouvernement c'est d'en faire partie", l'État profond se trouve donc toujours dans la meilleure position pour renverser la démocratie, c'est-à-dire au plus près d'elle. » Il poursuit son analyse en avançant une métaphore : « Le politologue doit donc comprendre l'État profond comme le médecin comprend la tumeur : il détourne les ressources du corps tout en l'affaiblissant, il se vascularise, se protège, et utilise les moyens des tissus pour maximiser sa croissance. Le pire des stades de son développement est atteint quand il prend pleinement conscience de son existence, de son pouvoir et qu'il se définit des intérêts personnels. [...] Ils ne deviennent des tumeurs que lorsqu'on les ignore, et qu'ils apprennent à se constituer un ego. À ce stade, leur létalité est maximale pour la démocratie et l'intérêt public. »

Le phénomène n'est pas récent. Il remonte aux origines de la civilisation et aux premières organisations « étatiques ». Les exemples ne manquent pas dans l'Histoire, que ce soit l'influence du complexe militaro-industriel sur la politique américaine, ou le « cas » Khrouchtchev, destitué par un KGB à la solde de Brejnev... Mais, pour quelques manœuvres connues de tous, combien d'autres resteront secrètes à tout jamais ?

Pour un démocrate, il est essentiel d'attirer l'attention de la nation tout entière sur l'existence de ces groupes de pression, qui ne travaillent nullement pour le « bien commun » ni pour « l'intérêt général », mais simplement pour leur profit personnel, ou pour l'idée qu'ils se font de la politique ou du pays, c'est-à-dire un moyen pour accomplir leur ambition et tisser une toile d'influence par-delà la souveraineté des États.

Fascisme

Avant d'être une des insultes favorites d'une gauche prompte à vilipender et à se référer à un système politique jugé abject, le fascisme est un mouvement politique fondé en 1919 par Benito Mussolini et établi en Italie entre octobre 1922 et juillet 1943. Le mot dérive de *fascio,* « faisceau », qui sera utilisé comme symbole de ce mouvement autoritaire et réactionnaire viscéralement opposé à la démocratie parlementaire et au libéralisme. Par ailleurs, le fascisme historique rejette l'individualisme des Lumières, et tente de refonder une société d'Ancien Régime, en opposition aux conséquences de 1789, qui saurait éviter les écueils qui précipitèrent son déclin.

Ce système, qui alors profite de circonstances économiques et politiques favorables à la suite du traumatisme de la Première Guerre mondiale, se compose d'un savant mélange de populisme et de totalitarisme, où le culte du chef coïncide avec celui du guide suprême. Le modèle, profondément dirigiste en matière économique et organisé autour d'un parti unique, fascinera le nazisme naissant et Adolf Hitler en particulier, qui lui donnera en Allemagne une orientation éminemment militariste et profondément antisémite. En somme, les deux régimes ont en commun la volonté d'établir un « homme nouveau », de fonder une pureté nationale idéale, pour ne pas dire fantasmatique, basée sur une ségrégation raciale, qui exclut toute notion d'égalité au profit de la force, de la sélection naturelle, institue le culte du corps et de la puissance, les « vertus » d'un retour à la terre, de la tradition, de la guerre, la supériorité masculine, le héros modèle d'une esthétique martiale...

Profondément ancré dans l'émotion et la théâtralité, le fascisme exalte une religion civile au détriment de toute religion révélée, jugée contraire à l'idéal d'un peuple pur.

Cette conception totalitaire étatique et nationaliste réapparaît bien après sa chute, dans les années 1960, auréolée d'une dimension affective et nostalgique.

Aujourd'hui, le terme est employé souvent sans discernement pour qualifier toute attitude politique jugée conservatrice et autoritaire et, par extension, toute doctrine, comportement, attitude opposés à la « gauche » dite républicaine. Hors contexte politique strict, il est également employé pour qualifier une contrainte ou une autorité imposée par la force, et souvent sous une forme familière très répandue à partir de 1968 : « facho »... En tout état de cause, son utilisation abusive vire à la *reductio ad hitlerum* !

Si le fascisme italien et le nazisme sont cousins plus que frères, sans doute est-ce dû aux racines, à la généalogie de chacun de ces systèmes. Le premier ne prône pas une idéologie précise dans sa formation ; Mussolini n'est pas plus qu'Hitler un intellectuel, mais il a lu et interprété Hegel, dont il a fait sienne l'obéissance entière à l'État. Il affectionne le « surhomme nietzschéen » et idéalise un nationalisme très en vogue à l'époque, que nombre d'artistes soutiennent. Un terreau assez disparate, mais plus riche que celui d'Hitler, qui n'a lu que Spengler et les théoriciens de la race pure.

L'expansionnisme territorial nazi se fonde sur la théorie de l'espace vital et le culte de la germanité, alors que pour son modèle italien, il s'apparente davantage à un colonialisme traditionnel, à un impérialisme qui vise à restaurer l'Empire romain. Les deux dictateurs sont aussi marqués par la réunification, au demeurant assez récente, de leur pays, et la volonté de fonder un empire à partir d'une unité de fraîche date. Les crises économiques et les conflits sociaux de l'entre-deux-guerres viendront nourrir une haine commune pour le capitalisme classique et le marxisme, cherchant une « troisième voie » comprise comme unique issue. Mussolini aspire à un libéralisme économique qui va vite tourner au dirigisme et au protectionnisme, à la création de monopoles et à un strict encadrement des droits des ouvriers... Certes, certaines similitudes sont patentes entre les régimes et se retrouvent dans le néofascisme espagnol, ainsi que, plus récemment, en Italie dans le Mouvement Cinq étoiles, le Mouvement social – Flamme tricolore, ou l'Alliance nationale de Gianfranco Fini, dont fit partie Alessandra Mussolini, la petite-fille du dictateur. Si ces deux systèmes ultranationalistes et par essence dictatoriaux sont en effet voisins, sinon liés par une parenté à certains égards diffuse, l'un ayant fécondé l'imaginaire de l'autre, ils n'affichent pas le même degré voire la même exacte nature, ne serait-ce que par l'absence chez les fascistes de mise en place d'une « Solution finale » à l'encontre des juifs…

France

Le mot « France » serait-il devenu un mot qui fâche ? Une espèce de tabou, voire une honte ? Pourquoi n'est-il aujourd'hui presque plus employé par nos politiques, et ce, depuis déjà un bon moment ? Quand il l'est, il semble que ce vocable, hier sacré, ne recouvre plus une réalité historique, culturelle et physique immuable.

Une lente dérive est venue accabler ce terme pour qui des générations de Français sont morts pour que vive ce qu'il incarne. Le temps où par exemple le général de Gaulle en appelait sans cesse à la France comme à une justification, comme au but de toute action politique, de tout engagement, est défunt. Les acteurs politiques lui ont petit à petit préféré le mot « république », réduisant l'être même, l'âme d'un pays à son système politique, à une institution, un statut légal, réduisant par là même les Français à n'être que des citoyens alors qu'ils sont bien plus : la force vive, la présence réelle et incarnée, visible, d'un pays pétri par son histoire. Cette confusion volontaire, cette réduction est très symptomatique d'un malaise ; sans doute le mot « France » suppose-t-il dans l'inconscient de ceux qui le bannissent une trop forte inclinaison pour la patrie, la nation et les notions qui en dérivent : patriotisme, nationalisme, jugées étroites ou dangereuses. Que l'on pense au célèbre mot de François Mitterrand, le 17 janvier 1995, lors de ses adieux au Parlement européen : « Le nationalisme c'est la guerre. » Donc, pour qu'il n'y ait plus de guerre, il faut le dissoudre dans un grand tout (la république ? l'Europe ?), et par extension le pays lui-même. À croire que la France n'engendrerait pas que des Français, mais des nationalistes, des citoyens franchouillards repliés derrière leurs frontières, des Gaulois réfractaires… alors qu'un républicain est censé aimer d'abord la République, garant légitime d'un système qui ne prône pas le culte de son identité, mais la solidité de sa philosophie, de ses choix, de ses valeurs…

Lors de la Révolution, la France de l'Ancien Régime, où le roi et donc une dynastie se confondaient avec le destin du pays, fut remplacée par la République : dans le *Chant du départ* (1794) sur des paroles de Marie-Joseph Chénier, au célèbre « Tremblez ennemis de la France » répond le refrain : « La République nous appelle / Sachons vaincre ou sachons périr / Un Français doit vivre pour elle / Pour elle un Français doit mourir. » Les deux notions se superposent. Mais l'idéal républicain est d'emblée pensé comme supranational et à visée universelle. L'ancienne France est morte au profit de la République, une et indivisible. Et cette idée, hormis quelques soubresauts ultrapatriotiques suite aux guerres, devient au fil du temps un référent majeur, surtout après l'intégration européenne, comme s'il était salutaire de se référer à un idéal plutôt qu'au terreau de cet idéal, et plus essentiel de se souvenir que l'ennemi s'en prend d'abord à la nature idéalisée d'un régime qu'à un pays…

Or, la France est évidemment bien plus que les 633 000 kilomètres carrés de son territoire national, plus que sa population, sa langue, sa culture, et son histoire pour le moins agitée. Elle est Marianne, bien sûr, mais également Jeanne d'Arc, et aussi sa littérature, ses dictionnaires, une unification de son espace géographique, une réalité géographique qui ne se laisse pas circonscrire par des frontières, une histoire faite durant des siècles par ses rois et reines. Elle est plus que son peuple, une civilisation, une terre, une identité, même difficile à définir. Elle est aussi un ensemble de racines, dont beaucoup sont nées de la religion catholique. La France, « fille aînée de l'Église », est aussi une volonté, une volonté d'épouser ce qui la compose, la constitue, et ce, depuis plus de quinze siècles d'une lente formation.

Alors qu'on s'interroge, parfois sans réel recul, sur l'identité française, le fait d'être français suppose de reconnaître son appartenance à cette France qui ne se résume pas seulement à son régime républicain. Lors de l'incendie de Notre-Dame de Paris le 15 avril 2019, tous ceux qui se sont sentis blessés par ce drame se sont aussi revendiqués français, non seulement de fait, mais de cœur. Par cet acte, ils s'inscrivaient dans la continuité d'un récit national rendu cohérent par l'appartenance revendiquée à des références communes. Cela revient à dire que la France n'est pas une idée, comme peut l'être la République, mais « une chape composée de princes, d'empereurs, de ministres, de présidents, de révoltes, de conquêtes, de triomphes, de défaites, d'insolence, de liberté, à laquelle aucun Français ne peut ni ne veut échapper. Parce qu'elle les rassure, parce qu'elle les augmente, parce que, en principe, elle les défend », pour reprendre les propos d'Arthur Chevallier dans *Le Point* du 20 octobre 2020, et les fédère, les rassemble en un même corps vivant, composite et palpitant.

Fraternité

L'ennui, avec les devises, c'est que souvent les mots qui les composent finissent par se vider de leur sens, de leur principe actif pourrions-nous dire, comme usés par le temps. Parmi ceux de notre devise, la fraternité semble un vœu pieux, presque une espérance. À moins qu'il ait été ajouté pour concilier la liberté et l'égalité, qui souvent font mauvais ménage.

Originellement, le mot, déjà présent dans le latin classique (*frater* ou *fraternitas*), désigne l'ensemble des relations entre frères et entre peuples et, dès le bas latin, entre chrétiens. Le lien de parenté direct est moins évoqué que celui entre des personnes se considérant comme appartenant à la famille humaine. Certes, dans la formation de ce sens, le mot doit beaucoup aux Évangiles, puisque tous les enfants du même Dieu sont par définition frères. Par extension, la fraternité désigne aussi des rapports fraternels, comme dans l'expression « frères d'armes ». Il s'entendra sous l'influence anglaise aux liens unissant les communautés religieuses ou laïques : frères d'un même ordre monastique par exemple, ou pour désigner un franc-maçon au sein d'une loge, et enfin les membres d'une même ethnie.

Son intégration au sein de la devise de la République n'est pas apparue manifeste puisque le mot était en concurrence avec « amitié », « union », « charité », « sincérité »... Pour preuve de ce flottement, l'article premier de la Déclaration des droits de l'homme et du citoyen de 1789, par exemple, ne pose pour principe que la liberté et l'égalité, l'article 2 adjoignant la sûreté et la propriété, non la fraternité. Le mot arrive en fait le 14 juillet 1790 lors de la fête de la Fédération, inscrit sur les drapeaux. La devise telle que nous la connaissons est officiellement adoptée le 27 février 1848 par l'éphémère IIe République, et il faudra attendre le premier article de la Déclaration universelle des droits de l'homme en 1948 pour lire sans ambiguïté que tous les êtres humains « sont doués de raison et de conscience et doivent agir les uns envers les autres dans un esprit de fraternité ». Ce qui, soit dit en passant, relève de l'obligation morale, plus que d'une aspiration. Il se sera donc passé beaucoup de temps entre le discours de 1790 de Robespierre sur l'organisation des gardes nationales, qui incluait un projet de décret fixant l'usage de la devise, et sa présence effective au sein de notre système juridique au moyen de la Déclaration universelle.

L'idée de fraternité « découle de celle des droits sociaux du citoyen à qui la République doit un travail et une assistance », selon l'historien et universitaire Jean Garrigues : « La fraternité, c'est tout le contraire du clivage communautaire, il y a l'idée de rassemblement et d'obligation d'une solidarité collective[1]. » Force est de constater que cette valeur clé est loin d'être considérée comme la première, car la notion reste très abstraite pour le grand public ou le citoyen et demande une actualisation concertée afin de la mettre réellement en acte. Et, certes, la fraternité suppose de sortir de l'espace clos de son moi, de sortir des simples limites de son ego pour aller à la rencontre de l'autre, ce semblable qui mérite écoute, attention, respect. Elle suppose non seulement une reconnaissance commune de sa réalité, de l'existence de la famille humaine, mais aussi revendique dans cette appartenance commune des valeurs de bienveillance,

1. *Le Parisien*, 20 septembre 2016.

de gratuité, d'aide ou de soutien reconnues comme essentielles.

L'Église catholique a longtemps été réticente à accepter les acquis de la Révolution française. Cependant, le pape Jean-Paul II a souligné lors de son homélie au Bourget, au cours son premier voyage en France, en 1980 : « Que n'ont pas fait les fils et les filles de votre nation pour la connaissance de l'homme, pour exprimer l'homme par la formulation de ses droits inaliénables ! On sait la place que l'idée de liberté, d'égalité et de fraternité tient dans votre culture, dans votre histoire. Au fond, ce sont là des idées chrétiennes. Je le dis tout en ayant bien conscience que ceux qui ont formulé ainsi, les premiers, cet idéal ne se référaient pas à l'alliance de l'homme avec la sagesse éternelle. Mais ils voulaient agir pour l'homme. » Une telle déclaration ne fait que souligner le lien étroit que la fraternité entretient avec la culture chrétienne.

Et, dans le strict respect de la laïcité, ce lien garde cependant une certaine effectivité parfois étonnante. Il n'est que de citer par exemple la décision du 6 juillet 2018 du Conseil constitutionnel qui, à l'occasion d'une question prioritaire de constitutionnalité portant sur le délit d'aide à l'entrée, à la circulation ou au séjour irrégulier d'immigrés, souvent appelé « délit de solidarité » ou « délit d'hospitalité », a cru bon de se prononcer, pour la première fois, sur la valeur constitutionnelle du principe de fraternité. Ce qui sans doute était pousser un peu loin le devoir d'assistance… Anne-Marie Le Pourhiet n'hésite pas à parler de « coup d'État du Conseil constitutionnel » : « Le juge constitutionnel a trahi sur au moins trois points la lettre et l'esprit de la Constitution qu'il est chargé d'appliquer : d'une part, la fraternité n'a jamais eu la moindre définition ni donc de contenu normatif ; d'autre part, elle n'a jamais évidemment concerné que les citoyens de la nation française réunis en "fratrie" symbolique ; enfin, l'article 2 de la Constitution distingue soigneusement la "devise" de la République de son "principe" qui n'est pas du tout celui que le Conseil constitutionnel prétend consacrer[1]. » On ne saurait mieux dire !

Histoire

Le sens du mot a évolué dans le temps. Tirant son origine de l'unique œuvre d'Hérodote qui nous soit parvenue, intitulée selon les traductions *Histoires* ou *Enquête*, venant du grec ancien *historia*, signifiant « recherche », « exploration », dérivé lui-même du terme *histor* voulant dire « sagesse », « témoin » ou « juge ». Arrivé en France au XIIe siècle, il fait référence à l'évocation d'une vie ou un règne, voire à la chronique d'un peuple ; ou à un récit. Ce n'est qu'au siècle suivant que le terme recouvrira la notion de récit historique. Au XVIIe siècle, le philosophe Francis Bacon considérait que l'histoire était une science de la mémoire et une connaissance de l'individuel, distincte en cela des sciences de l'imagination (poésie) et des sciences de la raison (philosophie). Au XVIIIe siècle, pour l'*Encyclopédie, ou Dictionnaire raisonné des sciences, des arts et des métiers*, de Denis Diderot et Jean Le Rond d'Alembert, l'histoire « est le récit des faits donnés pour vrais ; au contraire de la fable, qui est le récit des faits donnés pour faux », et elle implique une chronologie et l'exercice d'une conscience.

1. *Le Figaro*, 11 juillet 2018.

Le sens actuel diffère et définit l'histoire – parfois écrit avec un *H* majuscule – comme une science du passé de l'homme ou plutôt des sociétés pratiquant l'écriture, en opposition à la préhistoire. Nous sommes ainsi passés du récit historique chez Hérodote, et qui n'est au fond qu'une enquête, à une discipline scientifique. Celle-ci s'appuie sur des documents critiqués, cherche à définir et non plus seulement relater des faits, ainsi qu'à expliquer leur succession. Cette méthode peut s'appliquer suivant des principes différents, lesquels ont donné naissance à des écoles distinctes d'historiens : théorie de l'espace vital, lutte des classes, rôle des grands personnages, etc. L'idée que l'homme appartient à une historicité qui résulte de transformations progressives implique des approches philosophiques nouvelles, aussi bien chez Rousseau par exemple que chez Hegel puis Marx. En somme, le point de vue historique entre de manière essentielle dans la philosophie, comme une mise en perspective nécessaire.

Sans doute faut-il d'emblée distinguer les versions construites (souvent par les vainqueurs) de la réalité des faits. La *Guerre des Gaules* de César ou l'historiographie de Racine sur le règne de Louis XIV tiennent plus de l'instrumentalisation voire de la propagande que de la vérité historique incontestable, établie d'après des sources convergentes. Le récit historique n'est pas la vérité des événements et il s'accommode de bien des complaisances. N'empêche que ce que raconte un contemporain entre aussi en compte : ainsi, la description que fait Stendhal de Waterloo dans *La Chartreuse de Parme* a-t-elle valeur de témoignage personnel, mais pas de vérité historique globale, pour ne citer qu'un exemple. Avant la grande période romantique, l'histoire était le sujet d'ouvrages de souvenirs ou de mémoires dont les auteurs avaient tendance à s'attribuer la plus belle part. Michelet n'a pas encore jeté les bases de l'essai historique, censé restituer les faits dans leur vérité. Et qu'importe si les romanciers prennent des libertés. Ne recherchez pas la vérité historique dans *La Comtesse de Salisbury* ou *La Reine Margot* d'Alexandre Dumas, qui, non sans provocation, estimait qu'il est permis de « violer l'histoire », à condition de « lui faire de beaux enfants » !

Comme le relève Stefan Zweig dans *Conscience contre violence*, « l'histoire ne connaît ni justice ni injustice. Pas plus qu'elle ne punit le crime, elle ne récompense la vertu. Reposant tout entière sur la force et non sur le droit, elle favorise presque toujours les hommes de violence »... En somme, il est nécessaire de toujours se poser la question de savoir quel dessein sert le récit, quel enseignement pouvons-nous en tirer ? D'un point de vue sociologique, mais aussi philosophique.

Comme toute science, l'histoire tend vers l'objectivité, même si Bachelard, dans *La Psychanalyse du feu*, nous rappelle qu'elle est impossible. Nous pouvons seulement la désirer, l'espérer, rien de plus. Une part d'interprétation vient toujours se greffer : elle peut vouloir servir une philosophie ou une cause sans même que celui qui formule une thèse ne s'en rende compte, raison pour laquelle la méthode historique employée doit être la plus neutre possible, la plus détachée.

Pour mieux se rendre compte des enjeux, il suffit de citer les nombreux récits sur la Révolution française, par exemple. Il est quasi impossible d'en trouver qui recoupe la même intentionnalité dans la succession des événements. Pour les uns, comme Clemenceau, elle est « un bloc », pour d'autres, une explication rationnelle d'événements antérieurs, voire un concours de circonstances pour le moins défavorables… Quelles sont les causes ? Quels sont les faits exacts ? Il est bien difficile de les établir sans hésitation, surtout quand les événements sont à ce point marquants et bouleversent la totalité des assises d'un monde, renouvellent une société, etc. L'*Histoire de la Révolution française* de Michelet est un récit historique construit à la gloire d'une certaine idée de la France, tout comme celle de François-Auguste Mignet qui est le premier historien libéral à en donner une signification sociale. Ils représentent l'école dite « fataliste » qui postule un déterminisme historique, différente de l'école dite du courant républicain, illustré par Edgar Quinet, Lamartine, Michelet (encore lui), Esquiros, Louis Blanc. Nous pourrions citer Ernest Lavisse, dont les travaux connurent un succès considérable et qui n'est, au fond, qu'un instrument du pouvoir officiel de la IIIe République, conservateur et fondateur du patriotisme républicain… Sans parler du « roman national » qui revisite l'histoire pour l'insérer dans l'image qu'une nation entend donner d'elle-même. On n'entend guère parler de Vercingétorix jusqu'à ce que Napoléon III se mette en quête d'un personnage historique emblématique et fédérateur derrière lequel se rangerait la population. Vercingétorix deviendra ce héros. La monarchie se voulait l'héritière de Clovis et des rois francs chrétiens ; friande d'images d'Épinal, la IIIe République, dans la lignée du Second Empire, imposera Vercingétorix et le mythe de « nos ancêtres les Gaulois ».

La grande erreur réside dans le fait de juger le passé tel qu'il nous est rapporté, sans filtre, sans analyses, avec nos mentalités, nos yeux, nos pensées d'aujourd'hui, sans non plus confronter les versions afin de dégager ne serait-ce qu'une possible vérité historique fiable. En fait, nous réagissons toujours, ou presque, en fonction de notre milieu, de notre culture, de notre formation (sans parler de nos intentions), et il nous est difficile de dégager une réalité la plus objective possible pour fonder un discours cohérent. Preuve de cette difficulté constante, la question de savoir par exemple s'il fallait ou pas laisser Philippe Pétain dans la liste des grands maréchaux victorieux de la Première Guerre mondiale lors des célébrations du Centenaire… Emmanuel Macron, après force hésitation, finit par le qualifier de « grand chef de guerre », non sans craindre d'être accusé de cautionner le chef du régime de Vichy, alors qu'il n'en est rien.

L'Histoire est aussi ce qu'on en dit et ce qu'on en fait.

Identité française

L'association d'un terme aussi précis qu'« identité », dont le sens a peu évolué dans le temps, avec l'adjectif « française » fit l'objet de débat houleux au point de devenir presque un tabou ou du moins un objet de scandale. Pourquoi ? Posons qu'identité est le caractère de ce qui est un ou, en psychologie, de ce qui est identique à soi-même. Il convient aussi d'emblée de préciser que depuis le XVIIIe siècle, le mot désigne le caractère de ce qui est permanent. Appliquée à une personne, la définition est aisément compréhensible ; appliquée à une nation ou à un peuple, cela demande réflexion. Pour nous, Français, l'identité est stable et tout changement n'altère pas son unité. La nuance est d'importance car elle suppose que nous concevons aussi l'identité comme un tout cohérent qui s'est construit et demeure identique à lui-même.

En somme, s'il existe une identité française, elle est d'abord le fruit d'une prise de conscience et d'une construction historique et culturelle. Nous sommes le produit de notre culture, de notre histoire, de notre langue et de son génie. Mais reconnaître l'unicité de ce produit suppose qu'il s'est constitué d'influences évolutives. Il en est de l'identité comme de la tradition : elle ne vit qu'en s'adaptant sans jamais renier son héritage. Quoi qu'il en soit, il n'est pas dans l'esprit français de passer son temps à réfléchir sur son identité et ses spécificités, comme si chacun savait déjà que la France (très personnifiée !) possédait un grand nombre de caractères que chacun reconnaît sans peine.

La volonté du président Nicolas Sarkozy de créer un ministère de l'Identité nationale fit en son temps l'effet d'une bombe. Certains y voyaient une saine réaction à une mondialisation censée altérer ladite identité dans sa forme rêvée, d'autres y voyaient un repli causé par une crise globale où chaque nation voulait récupérer sa souveraineté, son patrimoine. Et, en fin de compte, le seul gain de ce ministère fut alors de poser la question : quelle est l'identité française ? S'il y en a une. Et est-elle menacée ? Par une immigration devenue ingérable ? Par la globalisation du marché ? Les réseaux sociaux... ? Dans *L'identité malheureuse*[1], Alain Finkielkraut a porté la réflexion sur la laïcité, la mixité, la diversité et le métissage, en attribuant la crise identitaire française à l'immigration. À quoi Pierre Nora répondit trois ans plus tard, sous la Coupole, que « l'identité française

1. Stock, 2013 ; Gallimard, « Folio », 2015.

serait peut-être aussi malheureuse s'il n'y avait pas un seul immigré ».

Il est aisé de comprendre que la question suscita un énorme malaise, beaucoup y voyant, y compris dans l'essai du philosophe, une tentative pour éviter le nationalisme, censé depuis François Mitterrand conduire inexorablement à la guerre, le racisme et prôner le vivre-ensemble. L'affaire est autrement plus complexe. En novembre 2018, lors de la cérémonie de célébration des cent ans de l'armistice, Emmanuel Macron opposa dans son discours le nationalisme au patriotisme. Gil Delannoi, docteur en science politique, professeur à Sciences Po et chercheur au Cevipof (Centre de recherches politiques de Sciences Po), auteur notamment de *La Nation contre le nationalisme*[1], a rappelé qu'« il n'existe pas un, mais des nationalismes, et que celui d'aujourd'hui n'est pas celui des années 1930 ». Et de préciser : « L'opposition entre patriotisme et nationalisme n'est pas nouvelle chez les présidents français : de Gaulle se considérait uniquement comme patriote et rejetait le terme “nationaliste” sur les pétainistes. Quant à Mitterrand, il déclarait d'une part devant le Parlement européen en janvier 1995 : “Le nationalisme, c'est la guerre !” et parlait quelques mois plus tard, le 8 mai 1995 à Berlin, du patriotisme des soldats allemands pendant la Seconde Guerre mondiale. Il s'agit, remarquons-le, du “patriotisme” des soldats d'Hitler et d'une armée qui a combattu jusqu'au bout, même quand la guerre était évidemment perdue. Le nationalisme non violent proclamé et pratiqué par Gandhi apparaît préférable au supposé patriotisme des soldats allemands des années 1940. Emmanuel Macron

1. PUF, 2018.

a utilisé cette opposition entre patriotisme et nationalisme devant soixante-dix chefs d'État du monde entier qui parlent des dizaines de langues différentes. Cela pose un vrai problème de traduction. Toutes les langues ne font pas une telle distinction entre "patriotisme" et "nationalisme"[1]. »

Le concept d'identité devient alors presque un enfer, sinon un brasier. Ségolène Royal résuma l'affaire durant la campagne présidentielle de 2007 en affirmant : « C'est parce que nous sommes fiers de notre identité nationale que nous pouvons être accueillants aux autres. » Elle se référait aux traditionnelles valeurs républicaines fondatrices de notre démocratie, du droit du sol à l'esprit de tolérance, comme au souvenir de la prospérité due au XVIe siècle à l'accueil massif d'immigrés sous François Ier, pour ne citer que lui et qui propulsa notre pays loin devant les autres nations européennes.

Mais la France et son identité ne se résument pas à quelques valeurs, à une réelle conscience historique, aux métamorphoses de sa langue, aux agrégats successifs de populations extérieures à ses frontières, elles-mêmes longtemps mobiles. L'identité française n'est pas non plus l'agrégation d'identités régionales, la somme des Bretons, des Auvergnats, des Corses, des Basques… Elle est plus que ses emblèmes, plus que son drapeau, son hymne, sa devise, plus que ses constitutions, la multiplicité de ses régimes, ses cinq républiques successives, ses mille cinq cents ans de monarchie. Par ailleurs, l'immigration, qui pose aujourd'hui problème, était perçue hier comme un avantage, un signe de la volonté d'intégrer au corps de la nation naissante des

1. *Le Figaro*, 14 novembre 2018.

éléments dignes de l'enrichir. Pensons à Jules Mazarin, à Jean-Baptiste Lully, aux alliances des souverains français avec des dynasties étrangères, à la liste interminable de tous ces étrangers devenus fiers d'être français et reconnus comme tels. Sans cette double reconnaissance, l'idée même d'identité française perd une bonne part de son sens.

L'identité française, c'est aussi ce qui relie les Français et forme nation, territoire, histoire, culture, coutumes, usages et religions, langue, savoir-vivre, volonté de vivre ensemble et de construire ensemble, valeurs communes identifiées comme telles par chaque citoyen. Elle peut être variée, variable, mobile mais ne doit pas craindre de perdre son essence. Elle est aussi bien unité que diversité, assimilation que combinaison. Elle se réduit alors finalement à notre qualité d'être humain en englobant toutes les différences, linguistiques et coutumières. L'identité est à un pays ce que l'ADN est à l'être humain. Il recueille toutes les informations qui lui permettent de connaître ses origines, ses repères et sa zone de confort, base de sa confiance. Dès lors que l'on connaît ses origines, on peut s'y référer pour aller de l'avant en toute confiance. Un être humain ne peut se séparer de son ADN, il est son histoire indélébile. Il ne peut que vivre avec et profiter de cette interminable construction pour à nouveau croire en lui. Il en est de même d'un pays comme la France.

Immigration

Parmi les nombreux mots que la classe politique dans son ensemble rechigne à employer, « immigration » est sans doute le plus redouté. Pourquoi ? D'abord parce qu'il souligne un énorme clivage politique – certains diraient l'incurie des gouvernements à traiter le sujet voire à résoudre le « problème ».

Originellement, le mot est formé à partir du latin *immigrare*, « passer dans, pénétrer » ; il s'agit bien de passer une frontière pour entrer dans un pays, ce qui correspond à une réalité. Dès la fin des années 1760, un immigré désigne une personne venue de l'étranger pour trouver un emploi.

Historiquement, la France est un pays de forte immigration, et ce, depuis le XVIe siècle. C'est la décision de François Ier d'introduire en masse des étrangers – assortie de la création de « droit du sol » – qui propulsa économiquement le pays. L'accueil était donc une volonté politique. Mais au fil des siècles, et notamment après la décolonisation, l'accroissement des inégalités, la croissance des pays émergents, la gestion de l'immigration est devenue, en raison du nombre, un problème quasi insoluble pour mille raisons. La première étant d'ailleurs un refus de nommer ledit problème. Désormais donc, nous sommes en présence d'une réalité et d'une approche volontairement macroéconomique, qui concerne également la géostratégie autant que la diplomatie.

On parle plus généralement de migrants, voire de réfugiés, termes qui sollicitent la compassion et la pitié, permettant aux « immigrationnistes » de mettre malicieusement les populations judéo-chrétiennes devant leurs contradictions dans la gestion de l'accueil, pourtant valeur catholique par excellence. Ce sont des termes utilisés pour diminuer la peur de l'autre (souvent cause de racisme primaire) et culpabiliser le pays d'accueil, qui ne ferait pas assez pour les populations concernées. De surcroît, penser les flux migratoires est aussi en butte à des cultures politiques qui n'ont pas grand-chose en commun, la gauche paraissant plus libérale ou laxiste, certains diraient plus « humaine », alors que la droite poserait plus de conditions à l'accueil.

De manière consensuelle, il est posé comme principe que l'accueil est désormais assorti de conditions, non plus seulement en raison d'une conception humanitaire, mais économique et correspondant à des orientations politiques précises. Parmi ces préalables, le migrant doit s'adapter à la culture du pays qui l'accueille – et non l'inverse –, parler la langue, ne pas favoriser un communautarisme jugé incompatible avec les valeurs de la République française, mais s'intégrer au corps de la nation.

Sans doute faut-il aussi comprendre pourquoi ces hommes et ces femmes migrent, pourquoi ils ne restent pas chez eux. Il convient avant tout de comprendre cette nécessité, ce besoin avant de s'interroger sur l'acceptation des migrants.

Nous sommes tous de « quelque part », nés sur la terre de nos parents, de notre famille, avec une histoire, des ancêtres… Tout homme a une demeure, un ancrage ou est censé en avoir un. Aussi, migrer n'est pas une normalité, mais une exception. Ensuite, ces mouvements de population ne doivent pas être vus comme une chance, une facilité, une opportunité de la part de ceux qui quittent leur pays d'origine.

L'immigration clandestine a brouillé les possibilités de trouver une solution politique acceptable et sereine. Et notamment l'immigration dite « massive » des anciennes colonies françaises du Maghreb. S'ajoute aux tensions l'émergence de la religion musulmane propre aux populations migrantes et qui trouble les référents en matière de laïcité et surtout de culture du pays d'accueil, la France restant un pays de tradition chrétienne. Car il est incontestable que l'intégration des immigrés venant d'Italie, d'Espagne ou de l'Europe de l'Est a été bien plus aisée que pour ceux venant d'Afrique et du Maghreb : la cause en est la différence de religion et de culture.

En fait, la présence d'une quantité croissante de musulmans exaspère le débat, il ne s'agit plus seulement de gérer des migrants musulmans parfois frappés d'anathème en raison de la montée du fondamentalisme islamique et des attentats terroristes revendiqués par des groupuscules ultras. Il suffit par exemple de parler de l'affaire du voile islamique pour comprendre l'ampleur du problème et la difficulté à résoudre l'intégration, voire l'assimilation de personnes évidemment différentes dans leur culture initiale et leur religion… Et cela est aussi valable pour la polygamie, l'excision, le mariage forcé, mais aussi le trafic humain des passeurs, les sans-papiers travailleurs déclarés et nombre d'aberrations aux antipodes de l'esprit démocratique.

Le sujet, certes complexe, fait peur à la droite dite républicaine, qui ne veut plus le traiter en profondeur et qui pourtant, en 1990, défendait les mêmes idées que le Rassemblement national aujourd'hui. L'accaparation du mot « immigration » par ce parti a eu pour conséquence de rendre la droite frileuse et longtemps muette, pour éviter les amalgames volontairement opérés par la gauche.

Rappelons ce qu'écrivait en 1991 Michel Poniatowski, ancien ministre de l'Intérieur sous le gouvernement Chirac de 1974 à 1977 : « Cette âme, la France est en train de la perdre, non seulement à cause de la mondialisation, mais aussi, et surtout, à cause de la société à la foi pluriethnique et pluriculturelle que l'on s'acharne, avec de fausses idées et de vrais mensonges, à lui imposer. [...] Le moment est venu de traiter énergiquement le problème de l'immigration africaine et notamment musulmane. Si tel n'est pas le cas, la France aura deux visages : celui du “cher et vieux pays” dont parle le général de Gaulle et celui du campement avancé du tiers-monde africain. [...] Nous allons vers des Saint-Barthélemy si l'immigration africaine n'est pas strictement contrôlée, limitée, réduite et expurgée de ses éléments négatifs et dangereux, si un effort d'intégration ne vient pas aussi compléter cette nécessaire répression. Les mesures à prendre sont sévères et il ne faudra pas que le vieux pays frémisse de réprobation chaque fois qu'un charter rapatriera des envahisseurs illégaux[1]. »

Individualisme

Voilà un terme jugé péjoratif, mais qui recouvre plusieurs champs. Il qualifie d'abord toute attitude qui place l'individu au premier plan, quel que soit le domaine. En politique, il s'agit d'une théorie qui stipule que les valeurs suprêmes propres à l'individu sont supérieures à celles de l'État, jugé trop intrusif et trop présent. Dans sa forme commune, cet individualisme doit servir au développement et au bonheur personnel ; et dans une forme plus systématique, il renvoie à l'anarchisme qui vise la suppression de l'État. En économie, l'individualisme, synonyme de libéralisme (en suivant la première occurrence citée) affirme vouloir restreindre toute intervention de l'État afin de permettre un libre

1. *Que survive la France*, Éditions du Rocher, 1991.

essor des initiatives individuelles. Au sens moral du terme, il privilégie la différence relativement à autrui, en exaltant les vertus de singularité ou, de façon plus cynique, en supposant d'utiliser autrui à son profit, selon une forme d'épicurisme, ou encore le libertinage galant du XVIIIe siècle.

Quoi qu'il en soit, ce terme est d'abord compris comme une tendance presque perverse à l'égoïsme et s'oppose à l'altruisme, à la gratuité, à la bienveillance... Ne penser qu'à soi, à son intérêt comme à ses plaisirs, à son épanouissement personnel n'est pas seulement une tendance, mais un fait. Or, ce fait mérite une mise en perspective, car il recouvre une réalité plutôt nuancée. Penser l'individualisme suppose de bien cerner la notion d'individu ; si elle apparaît chez les Grecs comme cet être susceptible de s'opposer personnellement à la tyrannie, être en cela « indivisible », insécable, cohérent et autonome, elle prend avec le christianisme une dimension qui tend d'abord à l'égalité. Louis Dumont explique, dans ses *Essais sur l'individualisme*[1], que l'idée chrétienne d'égalité donnera naissance à une nouvelle conception de la personne humaine, manifestée par saint Paul dans son Épître aux Galates (3, 28) : « Il n'y a plus ni juif ni grec, il n'y a plus ni esclave ni homme libre, il n'y a plus l'homme et la femme, car tous, vous ne faites plus qu'un dans le Christ Jésus. »

Au fil du temps, être un individu se confond à vouloir être une personne libre, absolument autonome, qui n'a de comptes à rendre qu'à elle-même. En somme, pour éviter d'être un esclave sous quelque forme que ce soit, la volonté individuelle, l'instinct de conservation

1. *Essais sur l'individualisme : une perspective anthropologique sur l'idéologie moderne*, Seuil, 1983 ; coll. « Points », 1991.

ou l'intégration à une communauté ou une caste devient un recours et un rempart. La lente érosion des valeurs chrétiennes de don de soi, de charité, de gratuité, de conscience d'appartenir à un corps plus vaste que le sien, et donc d'être un membre lié à un tout, favorise ce nouveau culte du moi souverain où l'individu se sacre législateur suprême de son destin… Ces errements ont également été amplifiés par la société consumériste, l'égocentrisme généralisé alimenté par les nouveaux médias. Edgar Morin, dans un entretien sur la radio RCF le 26 août 2016, rappelle que l'homme n'est pas qu'un individu, il est aussi membre de la société humaine et de l'espèce biologique : « On est à la fois un être social, un être personnel et un être qui fait partie d'un tout qui est l'espèce humaine, laquelle se trouve aujourd'hui confrontée à un destin commun avec la mondialisation et les menaces. »

Pour toutes ces raisons, nos préoccupations devraient se projeter au-delà de nous-mêmes. L'individualisme en tant que tel possède des caractères positifs, comme l'autonomie et la responsabilité, mais aussi des conséquences négatives – surtout quand il est forclos, c'est-à-dire excessif –, comme la perte du sentiment de solidarité ou de son appartenance et son interdépendance à la grande famille humaine. Ne penser qu'à soi revient à un suicide social. Ou, dans le moindre des glissements, à chercher un anonymat morbide et à devenir indifférencié… Il s'agit donc ni de se perdre de vue ni de rester autocentré sur un moi hypertrophié. C'est de cet écueil que le pape François nous prévient quand il écrit dans la lettre encyclique *Laudato si'* du 24 mai 2015 : « L'homme et la femme du monde postmoderne courent le risque permanent de devenir profondément individualistes, et beaucoup de problèmes sociaux sont liés à la vision égoïste actuelle axée sur l'immédiateté, aux crises des liens familiaux et sociaux, aux difficultés de la reconnaissance de l'autre. »

Justice / Droit / Loi

La justice, du latin *justicia*, est, d'une part, un principe moral exigeant le respect de la norme du droit, et, d'autre part, cette vertu respectueuse des droits d'autrui, selon laquelle on rend à chacun ce qui lui est dû, ce qui lui appartient. Comme règle régissant les rapports mutuels des citoyens dans la cité selon Aristote, elle préside à la répartition des charges et des dignités ; c'est ce qu'on nomme la « justice distributive » ; ou, quand elle préside aux échanges entre les personnes selon le principe de l'égalité, la « justice commutative ». La justice implique bien sûr l'équité, laquelle consiste à traiter de la même façon des êtres qui, par-delà des différences accidentelles, peuvent ainsi être considérés comme semblables par essence. Rousseau précise qu'une telle justice ne peut être atteinte que par l'égalité civile, quand chacun commence à renoncer à ses droits naturels pour accéder à un statut politique réel. En tant que pouvoir à faire régner le droit, la justice doit être par essence indépendante, comme le souligne Montesquieu dans *L'Esprit des lois*, en distinguant le pouvoir judiciaire des pouvoirs exécutif et législatif. Enfin, la justice signifie l'institution judiciaire, comprenant l'ensemble des tribunaux, des magistrats et des officiers, qui est chargée d'administrer la justice. Elle est censée être indépendante en particulier du pouvoir politique, ce qui semble de moins en moins en vrai, comme en témoigne d'ailleurs l'avocat Régis de Castelnau dans *Une justice politique*[1].

Le droit, du latin *directus*, « en ligne droite », est l'ensemble des règles régissant les relations humaines dans un lieu donné, à un moment donné et qui font l'objet de lois et règlements et de jurisprudence ou décisions de justice. Il s'agit là du droit positif. Il se distingue du droit dit naturel, résultant de la nature des choses et des hommes, et de leurs rapports, indépendamment de toute législation. Dans ce cas, ce n'est pas tant le fait que la nature impose sa loi – car en réalité l'homme fait ce qu'il veut et la nature ne lui donne pas d'ordre. C'est le fait que la nature fournit des éléments d'orientation, des finalités et des réalités, un mode d'emploi simple, mais efficace (la reproduction, les saisons…), grâce auxquels l'homme peut se situer. Ainsi, si la loi naturelle prescrit « Tu ne voleras pas », elle ne détermine pas la peine en cas de vol ni les modalités du jugement avant la sanction, ce qui est l'objet du droit positif. En soi, le droit est l'instance extérieure qui permet de garantir aux individus que leurs relations puissent se développer dans un cadre donné ; il s'oppose par essence à la force.

Enfin, la loi, du latin *lex*, est une règle régissant l'activité de l'homme, les relations humaines, au sein d'une société, généralement votée par le législateur ; elle constitue une partie du droit avec la jurisprudence et la doctrine ou pensée des praticiens (professeurs de droit et avocats principalement).

Si la justice est une fin, l'objectif de toute société humaine, le droit (ou la loi) est un moyen d'y parvenir.

1. L'Artilleur, 2021.

Il est au service de la justice. Or, ce n'est plus systématiquement le cas.

Dans l'évolution des sociétés et leur rapport à la loi, il apparaît qu'auparavant, celle-ci était considérée comme la règle qui mène au bien. Aujourd'hui, la référence n'est plus seulement la recherche du bien, mais aussi la revendication de droits : « J'ai le droit à... » La loi ne se contente plus de garantir la vie commune d'un groupe, elle en vient à promouvoir la protection de droits communautaires ou individuels, parfois au détriment du groupe – ou en tous cas, le groupe devant intégrer ces normes communautaires.

La relation entre droit objectif et droit naturel ou, autrement dit, entre loi républicaine (celle des hommes) et loi religieuse (celle de Dieu) est souvent conflictuelle car mal comprise. Schématiquement, la loi religieuse est dogmatique (elle suppose une vérité de foi), elle contient des valeurs morales (il suffit de se référer au Décalogue, à partir du quatrième commandement). La loi républicaine établit des règles de société, mais qui s'inspirent parfois des lois religieuses ou naturelles. En voici quelques exemples : le cinquième commandement, « Honore ton père et ta mère », a donné lieu à l'obligation de subvenir aux besoins des parents ; le sixième commandement, « Tu ne tueras point », se traduit par la répression de l'homicide ; le huitième commandement, « Tu ne voleras pas », a généré l'interdiction du vol, du recel, du détournement, de l'escroquerie ; etc.

Surtout, la loi républicaine et la loi religieuse ne devraient pas s'opposer. Chez les chrétiens, la loi religieuse impose le respect des lois civiles, même celles considérées comme illégitimes. Le conflit n'existe réellement que si la loi républicaine contraint à agir en violation d'une règle religieuse jugée fondamentale. Et c'est la liberté de conscience qui permet de trouver une solution de sortie à se conflit. Ainsi, l'avocat ne peut être contraint de traiter un dossier qui heurte sa conscience et peut donc invoquer la liberté de conscience pour le refuser. De même, un médecin ne peut être contraint à pratiquer un avortement. La question du conflit entre loi républicaine et loi religieuse trouve un nouvel écho concernant l'islam en France. Et pourtant, il est fallacieux de prétendre que la liberté de conscience permettrait aux musulmans de ne pas respecter les lois républicaines.

Comment aussi ne pas s'inquiéter de la perte du sens de la loi qui pour certains est considérée comme « juste » du seul fait qu'elle est « loi », votée au Parlement ? L'ancien magistrat et sénateur Jean-Pierre Michel, rapporteur au Sénat du projet de loi ouvrant le mariage aux couples de personnes de même sexe, affirmait le 14 février 2013, sous des airs marxistes : « Ce qui est juste, c'est ce que dit la loi. Et celle-ci ne se réfère pas à un ordre naturel, mais à un rapport de force à un moment donné. »

Et pourtant, une loi n'est pas forcément « juste » au sens banal du terme. Ce qui est légal n'est pas pour autant légitime. Une loi qui autoriserait la pédophilie serait sans doute « légale », mais sans aucun doute « injuste » et illégitime. Montesquieu nous avait prévenus : « Une chose n'est pas juste parce qu'elle est loi ; mais elle devrait être loi parce qu'elle est juste. »

Libéralisme

Ce terme ambigu englobe un certain nombre d'occurrences dont la signification varie selon qu'on l'applique à l'ordre politique ou au domaine économique.

Dans le premier cas, il s'agit d'une doctrine qui, essentiellement, prône la tolérance, le respect de la liberté individuelle, non seulement liberté d'opinion, mais aussi de pensée, qu'elle espère protéger en limitant les pouvoirs de l'État, comme par la séparation des pouvoirs définie par Montesquieu ; Rousseau et Locke sont, avec l'auteur de *L'Esprit des lois*, les principaux penseurs du libéralisme politique. Au XIXe siècle, il sera notamment théorisé par Benjamin Constant ou Tocqueville, pour mieux définir ce que peut être un « gouvernement de la liberté ». Historiquement, ce terme trouve sa source dans le protestantisme, qui en appelle à la conscience du croyant face à l'autorité de l'Église catholique : en luttant contre l'orthodoxie religieuse et l'absolutisme politique, il s'entend comme mouvement d'émancipation de la personne, individu, citoyen et homme de foi dans le scepticisme de la Renaissance.

Le libéralisme économique « classique » est une tout autre conception, défendue et théorisée notamment par François Quesnay, Jean-Baptiste Say, Adam Smith, Thomas Malthus, David Ricardo, John Stuart Mill, qui refuse l'intervention de l'État dans le jeu économique, exception faite dans son rôle de défenseur de l'initiative privée. Il pose comme principe l'existence de lois naturelles à même d'assumer l'équilibre de l'offre et de la demande, à condition que soient respectées la concurrence et la propriété privée des moyens de production, s'opposant en cela au socialisme étatique.

Face à l'échec du libéralisme, le néolibéralisme admet une certaine intervention de l'État en matière économique, comme régulateur, sans remettre en cause la concurrence et la libre entreprise.

De manière générale, le libéralisme garde donc vivante en lui son étymologie : il tire son origine et son sens du latin *liberalis :* « généreux », « noble », « digne d'un homme libre » (c'est-à-dire non esclave). Ce courant de pensée qui n'a cessé d'évoluer prône donc la défense des droits individuels et d'une coopération volontaire entre les hommes. Il ne s'agit nullement d'un repli ou d'une tentation individualiste égocentrique, mais de la volonté d'entreprendre au sein d'une interaction délibérée qui suppose la conscience aiguë de la responsabilité individuelle et une conception vertueuse du travail comme instance de libération et d'émancipation. Respecter les lois de la nature, comme celle de l'offre et de la demande ou de la concurrence, serait donc susceptible de générer une harmonie économique bienfaisante pour tous.

Cette doctrine s'apparente aussi à une philosophie de l'homme – et plus particulièrement de l'individu – et de l'initiative personnelle conçus comme moteur premier du travail et de la production, susceptibles de dynamiser l'économie grâce à l'inventivité, sinon l'imagination créatrice, le désir et la volonté de réussir, animés par un profond sens des responsabilités.

Au fil du temps, cette conception s'est étendue (un peu vite) à des pans entiers de la société, bien au-delà de la seule sphère économique : aux mœurs, à la culture, à l'éducation, comme si l'économie dite libérale devait aussi libéraliser notre manière de vivre, de penser, de créer, d'être ensemble. Mais il semble que l'euphorie de ce désir de liberté toujours accru se soit amplifiée au détriment de la responsabilité, pour favoriser un glissement vers un individualisme stérile, détaché de sa fonction de lien social, en accord avec les principes directeurs de la communauté, certes de plus en plus composite. Le libéralisme est aujourd'hui un libéralisme par les droits (individuels). Lucien Jaume précise : « Ce libéralisme postkantien accomplit la promesse de pluralisme présente dès les origines du libéralisme (de Montaigne à Locke), mais bouleverse les conditions de la démocratie dite libérale. La France a fait cette expérience, encore en cours, de l'épanouissement (ou de l'explosion) de droits diversifiés et parfois conflictuels entre eux[1]. » Et comme le souligne Lucien Jaume, la question est de savoir comment et quoi répondre au pluralisme de faits qui peut étouffer les pluralités à force d'intolérance croissante et lutter en même temps contre la tentation d'un retour à l'autorité d'un État fort et liberticide… *In fine*, le libéralisme peut être aussi conservateur que novateur et trouver en lui des forces régénératrices pour contrer la tentation de l'individualisme stérile.

Liberté

Dans la seconde moitié du XVIIIe siècle, Louis-Sébastien Mercier, polygraphe de génie, rêve de l'avènement d'une démocratie dont il situe l'établissement dans un futur lointain. L'histoire se précipita, mais au chapitre 36 de son essai intitulé *L'An 2240, rêve s'il en fut jamais*, paru en 1771, il compose une page admirable : « La liberté enfante des miracles, elle triomphe

1. *Le Dictionnaire du conservatisme*, *op. cit.*

de la Nature, elle fait croître les moissons sur les rochers, elle donne un air riant aux régions les plus tristes ; elle éclaire les pâtres et les rend plus pénétrants que les superbes esclaves des cours les plus ingénieuses. D'autres climats, qui font la gloire et le chef-d'œuvre de la création, livrés à la servitude, n'étalent que des terres abandonnées, des visages pâles, des regards contraints qui n'osent se lever vers la voûte des cieux. Homme ! choisis donc d'être heureux ou misérable, si tu peux encore choisir ; crains la tyrannie, déteste l'esclavage, arme ton bras, meurs ou vis libre. »

Cet extrait lyrique à souhait situe magnifiquement l'état d'esprit de cette fin de siècle et se réfère justement à un concept non pas nouveau, mais alors actualisé : la liberté, qui justement s'oppose d'abord à l'esclave, aux contraintes, suppose une volonté, un choix, un combat. La posséder, en jouir, enfante en effet des miracles, ce qu'on eût jugé impossible et qui soudain transforme le monde et l'homme.

Derrière les métaphores, tout un univers se dévoile : il serait désormais possible de penser à sa guise, d'écrire ce que l'on veut, d'entreprendre, d'aller et venir comme bon nous semble, de choisir ce que l'on fait, en responsabilité. Être libre est donc d'abord se conformer aux lois qui régissent la société, les actions, qui du même coup limitent nécessairement les possibles. Car être libre ce n'est pas faire tout et n'importe quoi, c'est faire ce qui est possible, en conscience, sans nuire à la liberté souveraine d'autrui. Dans cet esprit, les lois et donc les gouvernements ainsi que les institutions peuvent en effet restreindre quelques-unes de nos libertés fondamentales dans l'intérêt de tous, notamment du maintien de l'ordre public ; cette limitation est sensible lors d'un confinement, par exemple, ou dans les cadres légaux qui régissent le travail ou la liberté d'expression. Les réseaux sociaux attestent d'abus d'expression qui portent atteinte à la dignité humaine, qui exaltent le racisme, la ségrégation, détruisent une part de l'intégrité de la personne, par diffamation, insultes, *fake news*, dénonciation calomnieuse ou mise en ligne de photos compromettantes ou pornographiques…

En somme, le plein exercice de la liberté est impensable sans régulation ou acceptation d'une autorité, sous peine de dégénérer en chaos. Et inversement, l'autorité est impossible sans la liberté, à moins de devenir tyrannie.

Sans doute n'est-il pas assez enseigné, ce préalable, car être libre selon ce que la loi permet suppose une éducation. Et l'on sait ne plus être pleinement libre quand on est soudain privé, même pour des raisons justes et légales, d'une ou de plusieurs de nos libertés fondamentales qui nous paraissaient inaliénables. Cependant, si la majorité d'entre nous désirent cette liberté, beaucoup n'osent pas ou plus se battre pour l'acquérir ou la conserver. Cela rejoint de façon connexe la thèse du grand inquisiteur de Dostoïevski, dans *Les Frères Karamazov*, selon laquelle la grande majorité des hommes redoutent leur propre liberté. Par paresse ou lassitude face aux complexités et difficultés de la vie, ils préfèrent se laisser aller dans un ordre ou un environnement qui les dépasse et les rassure en leur évitant toute réflexion, tout travail de la pensée, toute prise de décision. En laissant l'homme libre, Dieu n'a-t-il pas surestimé la nature humaine ?

Ainsi que l'expose l'avocat et académicien François Sureau, la démocratie moderne en France porte atteinte de plus en plus fréquemment à la liberté : l'État restreint constamment et abusivement les libertés d'aller et venir, de manifester, de faire connaître son opinion sans risque, voire de penser et de transmettre son opinion… François Sureau précise, dans son essai *Sans la liberté*[1], que « la liberté a un prix, et par exemple, s'agissant des "discours de haine", celui d'être blessé, révolté, atteint par les opinions contraires. Refuser de payer ce prix, c'est montrer en définitive le peu de cas que l'on fait de la liberté, c'est lui préférer en définitive son opinion propre, et cette préférence signe la mort de la société politique ». Il ajoute, dans un entretien au *Figaro* le 17 juin 2019 : « La loi ne peut pas interdire de manifester, ne peut pas empêcher de lire un livre, de publier une opinion, de penser pour finir. Et même de penser ou de dire des choses fausses ou abjectes, parce que c'est précisément dans cette incapacité de l'État à entrer dans ce domaine que réside l'essence de la société de liberté. »

Plus encore, il semble que les Français se soucient malheureusement davantage de l'égalité que de jouir pleinement de la liberté.

Il est d'ailleurs surprenant que les Français aient accepté le confinement total durant l'année 2020 sans mot dire, en sacrifiant, même provisoirement, de nombreuses libertés parmi les plus importantes : la liberté d'aller et de venir, la liberté de se rassembler, la liberté de travailler – et donc leurs emplois de demain – ou la liberté de culte, au nom de la santé. Le gouvernement a ainsi eu plus de facilité à décider du confinement des Français que de la fermeture des frontières. Comment s'étonner ensuite que ce qui était le sel de notre vie se soit à ce point affadi et qu'une terrible tristesse ait remplacé les joies immédiates d'une liberté qui s'éloigne ?

1. Gallimard, « Tracts », 2019.

Liberté de conscience

Parler de liberté de conscience suppose de définir la conscience. Le terme, dont l'étymologie latine *conscientia* suggère la connaissance partagée avec quelqu'un, « oscillant entre les valeurs de "confidence" et "connivence" », selon le *Dictionnaire historique de la langue française*, prend un sens moral lorsqu'il est appliqué à soi-même. Jusqu'au XVIIe siècle, dans cette acception, le mot développe le sens de « sentiment intime », avec une notion de bien et de mal. En somme, la conscience définit la présence vécue du sujet à lui-même et son rapport au monde. Descartes identifiait la pensée à la conscience : le sujet conscient est transparent à lui-même. Le philosophe Nicolas Malebranche, en 1676, parlait de « la faculté qu'à l'homme d'appréhender sa propre réalité ».

La France prérévolutionnaire donne une signification éminemment politique au concept de liberté compris comme une « absence de contraintes sociales ou morales ». Les philosophes apportèrent également leur contribution : liberté politique due à Montesquieu, liberté de penser à Voltaire, liberté de la presse à d'Argenson, liberté individuelle et de conscience restant toujours attachées à l'idée de jouissance des droits politiques accordée à tout citoyen.

Cela nous invite à mieux cerner l'idée de liberté tardivement associée à celle de conscience : de façon générale, il s'agit de l'état de l'être n'obéissant qu'à sa volonté propre, indépendamment de toute contrainte extérieure. Dans le champ politique, les libertés touchent différents domaines : physique, d'expression, religieuse, de pensée, de conscience, où l'individu n'a pas à subir d'incursion ou de contrôle de l'État, dans la mesure où il respecte les lois. La liberté morale est donc intimement liée à la liberté politique. Mais faut-il encore préciser qu'elle est aussi cet état de l'être qui juge ou agit consciemment en se référant à la vérité ou à la raison et qui réalise complètement ce qu'il estime correspondre à sa nature propre.

En quoi consiste concrètement alors cette « liberté de conscience » aujourd'hui ?

Notre République est fondée sur des principes constitutionnels dont font partie les libertés fondamentales. Une de nos libertés les plus fondamentales est la liberté de pensée (ou d'opinion), qui veut que nous soyons tous libres de penser ce que nous voulons de telle ou telle question. Cette liberté de pensée en génère d'autres : la liberté d'expression (de sa pensée), la liberté de manifestation, ainsi que la liberté de conscience. Celle-ci, pour faire simple, est la liberté de ne pas être contraint d'agir contre ses convictions intimes et fondamentales. Elle est en quelque sorte la « petite sœur » de la liberté de pensée. Plus jeune, moins connue et sans doute plus timide, elle peine souvent à s'exprimer… Elle a pourtant toute sa place dans la « grande famille » des libertés fondamentales. Reconnue par le Conseil constitutionnel, appliquée en diverses occasions, concernant la chasse, les journalistes, les avocats, le port d'arme ou la pratique par un médecin de l'avortement, elle trouve son fondement dans la Déclaration des droits de l'homme de 1789 et dans le préambule de la Constitution de 1946, et est garantie par la Convention européenne des droits de l'homme. Elle est pourtant de plus en plus remise en cause, en France en particulier, par exemple concernant l'avortement. Simone Veil était d'ailleurs très attentive et respectueuse de ce droit quand elle écrivait à l'adresse des médecins : « On ne peut obliger personne à aller contre ses convictions. »

Dans cet esprit, la liberté de conscience est une limite que le citoyen est en droit de poser, dans certains cas cependant, aux abus de l'État, lequel n'est que trop souvent une institution à qui, par principe, tout est permis, puisqu'il lui revient de dire le droit, d'obliger, d'user de menace et de coercition, et donc aussi de pouvoir restreindre nos libertés fondamentales. Stefan Zweig, dans *Conscience contre violence*, fait référence à l'humaniste théologien protestant Sébastien Castellion, qui estimait qu'« aucune puissance terrestre n'a le droit d'exercer une contrainte quelconque sur la conscience d'un homme ».

Morale

Voilà un mot qui s'est tant dévalué que deux expressions restent en mémoire : « La morale de l'histoire » et « Vous n'allez pas me faire la morale ? » Parler de morale inquiète, comme si l'interlocuteur allait prendre une leçon de morale, forcément douloureuse en ce qu'elle toucherait sa conscience.

Morale vient du latin *mos*, *mores*, et de *moralis*, traduction par Cicéron du grec *éthos*, dans les premières lignes de son *De fato*, qui traite du libre arbitre : « Cette question appartient à la doctrine des mœurs (*éthos* pour les Grecs) ; ce nom de doctrine des mœurs est celui que nous donnons d'ordinaire à cette partie de la philosophie ; mais, pour enrichir notre langue, on peut être reçu à l'appeler *la morale*. » Éthique et morale ont ainsi la même origine et renvoient toutes deux aux mœurs et aux coutumes donc aux règles de conduite et à leur justification. Le mot réapparaît à la Renaissance, période de redécouverte de l'Antiquité, c'est-à-dire dans le grand élan humaniste européen. Pour Descartes, en 1637, la morale renvoyait « à des conséquences normatives, des fins et des principes de l'action humaine ». Pour Pascal, en 1662, il s'agissait d'un ensemble de règles de conduite « admises inconditionnellement et considérées comme applicables à tous ». La Fontaine en fit son fonds de commerce, avant que le substantif n'entre dans la deuxième édition du *Dictionnaire de l'Académie française* (1718). Il s'agissait de la connaissance du bien et du mal, et de la conduite personnelle qui en découle. Plus tard, le terme désignera « l'ensemble des règles considérées comme valables de façon absolue ». Cette dimension d'« absolu » interdit la contradiction. Elle pourrait remplacer le *kalos kagathos* (le « beau et le vrai ») des Athéniens antiques. Saint Thomas d'Aquin affirme que « la philosophie est la vérité des choses ». Son étude et la tradition en ont tiré une « morale thomiste ».

Or, l'autorité de la morale va peu à peu s'effriter, pour s'appuyer sur un territoire défini ; on parlera de « morale des affaires », « morale politique », « morale sexuelle », etc. Comme s'il était plus facile de rompre avec la morale en envisageant le territoire.

Au XIXe siècle, sous le Second Empire, nombreux furent les écrivains traînés devant les tribunaux au nom de la morale. En 1857, à la fois Charles Baudelaire et ses *Fleurs du mal*, Gustave Flaubert et sa Bovary firent les frais du rigorisme d'État galopant.

Bien plus tard, la remise en cause violente qui en 1968 prônait le « Il est interdit d'interdire » a rendu toute morale suspecte d'organiser un « ordre moral » en contradiction avec le libre arbitre et les libertés individuelles. La liberté de conscience inscrite dans la loi de séparation des cultes et de l'État de 1905, pierre d'angle de la laïcité française, s'oppose *a priori* à toute forme de morale.

Des euphémismes vont fleurir dans les années 1990, notamment avec la loi de 1995 sur le financement des partis politiques : « déontologues », « code de bonne conduite », « charte des bonnes pratiques », etc. Comme si la morale, devenue archaïque, désuète, n'avait plus de place dans le débat social ou, pire, comme si elle était une valeur de droite, connotée politiquement, donc.

La morale n'est-elle pas l'expression de la conscience ? Notre capacité à porter des jugements vient dès la petite enfance. Un enfant de quatre ans a une perception de l'injustice, du mensonge, de la faute. Il connaît la privation et la transgression. Il obéit naturellement à une morale, laquelle sera plus ou moins renforcée selon l'éducation de ses parents. Pourquoi la refréner, voire l'anéantir, au profit d'une idée de la liberté ?

La morale ne peut être un tabou, et lui redonner sa place dans la cité importe pour que chacun y vive librement. Les « droits et devoirs » mis en avant, notamment par Nicolas Sarkozy lorsqu'il était président de la République, sont un contournement du mot « morale » qui ne doit plus effrayer ni être moqué. Car la morale élève, comme l'écho de notre humanité. Elle confère la dignité de notre condition d'homme.

Multiculturalisme

L'émergence de ce mot qui soulève bien des passions est liée au délicat problème de la gestion des flux migratoires et d'une immigration jugée « massive » sur le territoire national, conjointement à une lutte croissante contre toute forme de racisme, périodiquement renforcée par force lois.

Pour certains penseurs, historiens, sociologues, le multiculturalisme, c'est-à-dire la présence de cultures « extraterritoriales » sur le sol français, portées par des ethnies multiples, au sein d'une culture dite majoritaire, traditionnelle, pour ne pas dire « dominante », serait un facteur de désagrégation. Pour peu que l'on creuse un peu l'idée, à l'instar de Jean-Louis Harouel, historien du droit français, dans *Valeurs actuelles* du 25 juin 2020 : « La différence des "souches raciales", pour parler comme Claude Lévi-Strauss, ne crée pas en soi de difficultés quand elle ne concerne qu'un assez petit nombre d'individus. L'esprit d'une nation européenne peut parfaitement habiter un corps noir ou brun. » Et de donner l'exemple de Dumas et Pouchkine qui, « avec leur part de sang noir, furent des écrivains merveilleusement nationaux qui firent aimer passionnément l'histoire de leur pays. Seulement, ils n'appartenaient pas à une large communauté identitaire ». Il en conclut qu'« il n'y a pas de société "multiculturelle" heureuse ».

Tout serait donc question de proportion. Mais lesquelles ? Et comment estimer le pouvoir « corruptif » de grandes minorités au sein de la nation ? Comment même déterminer leur nombre ? Ce pouvoir aurait pour premier effet d'augmenter la peur – et de diluer la conscience que la nation possède d'elle-même... Cela revient, par voie de conséquence, à poser la question de l'intégration, de l'assimilation de populations issues de cultures différentes (mais en quoi ?) et suppose également de contextualiser sérieusement le problème. En effet, toujours selon Jean-Louis Harouel : « La population issue de l'immigration extra-européenne ne se sent, dans sa grande majorité, nullement concernée par "l'héritage indivis" que constitue la France, selon les termes de Renan. [...] Les enfants des immigrés d'aujourd'hui, très largement issus du Maghreb, d'Afrique noire et de l'Orient méditerranéen, n'éprouvent généralement pas le désir de vivre ensemble avec les Français autochtones. » Ils conservent leur « propre héritage » et « pour la plupart, ils n'ont aucune envie de faire partie de notre nation ». Certains affichent même leur refus de s'intégrer, tandis que d'autres développent une haine de la France.

De quoi parle-t-on en fait ? La culture française est définissable en quels termes ? Il n'est pas évident de fournir une réponse qui fasse consensus et soit réellement valide. Cela ne signifie pas pour autant, ainsi que l'avait pourtant affirmé Emmanuel Macron durant sa campagne électorale, qu'il n'y a pas de « culture française » ! Mais ne pas entamer une analyse sérieuse risque d'abord de ranimer les flammes d'un débat devenu plus que brûlant : qu'est-ce que ces cultures non européennes apportent comme instrument de discorde, de ruine de la « culture nationale » comprise comme un héritage inaltérable en principe, mais sapé dans ses fondements ou, au contraire, sont-elles « compatibles » – mot très à la mode –, voire enrichissantes et jusqu'à quel point ?

De plus en plus mise en accusation, la France, ou plutôt une partie des pouvoirs publics et de la population, répond par des arguments qui accentuent sa culpabilité (face à la période coloniale, à la ségrégation réelle, au racisme d'État et des élites...) et génèrent la repentance (par la reconnaissance des faits et des erreurs passées si éloignées des fondamentaux de la République...). Cette attitude, certes, ne résout rien, car si problème il y a, c'est un problème de gestion des flux migratoires majoritairement issus des anciennes colonies ou protectorats et, par voie de conséquence, de la culture de ses populations désormais présente sur le sol national. S'ajoute à ce constat, le problème récurrent de la laïcité à la française et donc de la gestion d'une autre religion, l'islam, que celle traditionnellement ancrée, à savoir le christianisme. Or, l'islam est évidemment une instance culturelle incontournable. La question est, une fois encore, celle du « vivre ensemble », sinon de la coexistence au sein d'une société composite d'éléments compatibles (les uns avec les autres, comme avec la culture de la population dite nationale, elle-même composite).

La discorde tend aujourd'hui à devenir un outil fédérateur, ce qui n'est guère conforme à l'esprit des valeurs de notre vieille culture. Mais la présence au sein de la nation de groupes multiethniques, et donc d'une multiculturalité de fait, est une évidence. La culture française comme la nation est un agglomérat, un conglomérat de nombreuses influences, et si on souhaite en comprendre le fonctionnement, sans doute faut-il établir une relation, une analogie avec la langue, pour rendre cette notion plus « parlante ». La langue (française, et comme toute langue) agit et réagit comme un corps vivant, organique, évolutif, sans cesse en mutation. Notre langue est le produit, le fruit d'une succession d'évolutions, d'adaptations, de mutations ; sur le tronc latin viennent se greffer de nombreux ajouts : des mots gaulois, francs, germains, arabes, saxons et autres. Mille et un ajouts. Les écrivains de la Pléiade, pour ne citer qu'eux, la renouvelèrent avec une verdeur jusque-là inconnue : Marot, Rabelais, Montaigne, Marguerite de Navarre l'ont enrichi et trituré. La langue bouge.

Elle intègre des patois, des parlers locaux (picard ou de l'Île-de-France chez Villon par exemple), l'argot même, et toujours elle se nourrit de ces apports sans craindre pour son héritage et son « authenticité ». La langue, très naturellement, intègre sans difficulté des influences on ne peut plus variées et toujours reste vivante. Puisse cette analogie rassurer ceux qui craignent pour la nature profonde, et elle-même mouvante de la culture française et de l'esprit de la nation. Elle sait, depuis qu'elle a conscience d'elle-même, que la chose susceptible d'annoncer sa fin prochaine serait la perte de sa confiance en elle, de la foi en ses principes fondateurs, de son autonomie, de ses traditions et surtout de son authenticité.

Nation

L'idée de nation, qui semble avoir quasiment disparu du discours politique, puise son origine dans le latin *natio* qui suppose la notion de « naissance », puis « d'ensemble d'individus nés en même temps dans le même lieu ».

Nation, dès le XIIe siècle, désigne un ensemble d'êtres humains caractérisé par une communauté d'origine, de langue et de culture, et concurrence le mot « race », qui sera lui aussi un jour frappé d'interdit. La notion moderne n'émerge qu'avec la Révolution française pour devenir une entité politique assimilée et identifiée au tiers état, au peuple révolutionnaire, au point d'être défini par un arrêté du 23 juillet 1789 comme « une personne juridique constituée par l'ensemble des individus composant l'État » sans se confondre avec lui, mais impliquant l'idée de « spontanéité et la volonté de vivre en commun ». Par extension, nation « suppose une détermination spatiale, psychosociologique, économique et culturelle, parfois linguistique et ethnique », selon le *Dictionnaire historique de la langue française.*

Le mot se confond parfois avec « patrie » et évolue dans ses contenus par l'emploi du mot « national » qui en modifie le sens pour devenir, notamment, « ce qui appartient à l'État, et est géré par lui ». Ces précisions sont d'autant plus importantes qu'un certain flou, voire une suspicion due aux excès d'un nationalisme revanchard brouille le sens réel au profit d'un fantasme. Pour Ernest Renan, lors d'une conférence à la Sorbonne le 11 mars 1882 (« Qu'est-ce qu'une nation ? »), elle est « une âme, un principe spirituel » ainsi que « l'aboutissant d'un long passé d'efforts, de sacrifices et de dévouements ».

Une autre affaire est donc la naissance supposée de la nation française constituée comme un corps autonome et souverain. Pour certains, son développement embryonnaire apparaît dès le règne de Charles V, pour d'autre sous Louis XI ou sous Louis XIV. Pour beaucoup, la nation dans le sens moderne naît à Valmy, où la lutte pour la souveraineté suppose la cohésion d'un peuple conscient de son appartenance à un même corps vivant.

Une nation se constitue lentement, par un jeu d'agrégations, l'ensemble ou presque des peuples formant populations se reconnaissent comme appartenant à une même entité ; ils dépassent leurs appartenances locales, ne sont plus seulement basques, auvergnats, bretons, mais Français, et la nation ainsi formée reconnaît à son tour chaque individu comme une part entière de son identité. Cette double appartenance suppose une volonté réciproque, et aujourd'hui beaucoup la confondent avec un nationalisme rétrograde.

Cependant, cette collusion marque une faille dans l'acceptation des occurrences, car le nationalisme, comme « exaltation du sentiment national » encensé par Lamartine, devient aussi, avec Proudhon, une « aspiration à l'indépendance, politique, économique, d'une communauté opprimée ». Le nationalisme d'abord révolutionnaire devient populaire, puis bourgeois après 1848 et revendiqué par les partis de droite.

Comment s'étonner alors que son emploi soit devenu aussi suspect ? Car le mot très connoté semble ne plus toujours correspondre à une réalité politique identifiable par tous. Nous pouvons le déplorer, car cette exclusion est le symptôme d'un profond malaise, comme s'il était aujourd'hui honteux d'appartenir à une nation, alors même que celles-ci existent. On parle bien de l'Organisation des Nations unies ! Sans doute les éclaircissements sont-ils aussi nécessaires que la pédagogie, et le rappel de ce que suppose l'existence d'une nation : agrégations, double reconnaissance, intégrations au fil de l'histoire de flux migratoires successifs, communauté de culture sans discrimination, de langue, volonté de vivre ensemble et conscience de former un corps qui garde en héritage de multiples composantes, des valeurs communes, un dessein collectif, un savoir-vivre, des valeurs non exclusives telles que la démocratie et ses exigences, ses vertus... Une nation est à la fois le fruit d'un héritage et une somme d'ajouts, de compatibilités, elle suppose toujours une unité – qui est celle aussi de la République et donc de sa constitution –, une unité dans la diversité, mais régulée par une volonté commune qui suppose assimilation plus que simple combinaison. Les spécificités qui la composent ne sont nullement exclusives, mais supposent bien au contraire une amitié. Et l'identité d'une nation se nourrit, comme en amour, d'un récit et d'un mythe fondateur.

Recourir sans hésitation à ce mot, qui fut si longtemps auréolé de fierté, de gloire, n'est pas une faiblesse ou la preuve d'un repli, mais la volonté commune d'une reconnaissance, la permanence d'un corps vivant qui n'aspire aucunement à détruire les autres corps… Lui redonner son lustre revient alors à lui assurer pérennité, avenir, surtout à une époque où la globalisation, la mondialisation, la gestion des flux migratoires semblent être des éléments de dissolution voire de dilution de ce corps.

Politique

Comme adjectif, ce mot qui tire son étymologie du grec *polis*, la cité, concerne la vie collective d'un ensemble constitué de citoyens. Par extension, il vise et concerne ce qui touche au gouvernement et à l'État. Il s'oppose en cela aux autres formes de vies sociales telles que l'administration, l'art, la justice. On entend par « philosophie politique » l'analyse des différentes formes de pouvoir, des rapports entre pouvoir et citoyens, les différents systèmes de gouvernement ou, dans une acception plus restreinte, la défense d'une conception de l'Histoire et de l'État, comme dans le marxisme.

La forme adjectivale a été rendue célèbre par une des plus fameuses phrases d'Aristote, tirée des *Politiques* : « L'homme est un animal politique. » Mais il faut l'entendre dans un sens précis. D'abord l'homme ne saurait se suffire à lui-même, et l'absence de vie hors d'un groupe social comme la famille, la cité ou l'État n'est pas supportable pour un être humain puisqu'il n'est pas né pour la solitude. Le philosophe en conclut que la vie en société est le naturel de l'homme. Ensuite, l'homme est un animal qui parle, il est doué de langage et peut ainsi véhiculer des jugements et des valeurs comme le bien et le mal, le juste et l'injuste. Le langage est donc de ce fait la condition de l'organisation d'une communauté. Remarquons au passage qu'une telle conception ne discrédite en rien la parole politique ; bien au contraire, puisqu'elle est constitutive de sa nature. Nous sommes fort éloignés de la conception contemporaine du langage politique compris comme un mensonge ou une manœuvre…

Quand « politique » est un substantif féminin, il désigne la science, au sens de savoir, ou l'art de gouverner, mais également l'action politique elle-même, surtout lorsqu'elle vise la conquête du pouvoir. C'est dans ce cas que le sens devient péjoratif d'ailleurs, car il indique l'écart entre l'ensemble des citoyens et ses hommes politiques considérés comme une « élite spécialisée » et avide de ce pouvoir aujourd'hui si décrié… Si l'on en revient à Aristote, la politique n'a pas du tout le même but, puisqu'elle n'est nullement un choix égoïste ou opportuniste, mais une manière appropriée de vivre en société, et qui nous permet d'accomplir notre humanité.

La politique est moins frappée de discrédit que les politiques, dont la parole, justement, est de plus en plus dépréciée, sinon absolument discréditée. Le problème majeur des démocraties modernes se situe justement dans cette torsion entre les paroles et les actes. Raison pour laquelle les citoyens ne supportent plus ni la langue de bois ni l'usage du politiquement correct qui nous vient de la culture anglo-saxonne. Cette déception profonde, voire cette animosité à l'encontre de toute parole politique n'est pas qu'une crise de confiance ou une suspicion à l'endroit de la rhétorique, elle atteste d'un profond malaise, étranger à Aristote comme à Tocqueville ou Rousseau, pour ne citer qu'eux. Sans doute faut-il chercher les causes de ce rejet dans une trop grande suite d'« affaires » ou de discours, promesses électorales non tenues, contre-vérités, tactiques politiciennes et oratoires… qui prouvent à celui qui déjà émet quelques doutes que la politique serait dépourvue d'une de ses dimensions essentielles : la morale ou, si l'on préfère, l'éthique, qui renvoie à une responsabilité profonde, une réflexion en vue du « bien agir ». Plus encore d'ailleurs, au sentiment de servir le bien commun et non des intérêts personnels ou particuliers… Et l'éthique renvoie à la morale, deux notions qui entrent en résonnance, notamment en ce qui concerne la politique. La morale, ce sont des principes à respecter. L'éthique, c'est un outil pour définir une méthode, gérer des comportements en vue du respect des principes. La morale, c'est la réponse sans poser la question. Et l'éthique, c'est la question sans la réponse. La morale, c'est le résultat et l'éthique, c'est le moyen.

La seconde moitié du XIXe siècle, jusqu'au général de Gaulle, pour schématiser, a vu à l'œuvre en politique des tribuns remarquables pour leur probité, leur intelligence, leur culture, leur sens de l'engagement, portés par une vision d'avenir, qui forçaient l'admiration, même si l'on ne partageait pas leurs opinions. Ils étaient avocats, journalistes, pamphlétaires, des Clemenceau, Jaurès, Hugo… Certains ont payé leur engagement de leur vie. Certes, les « affaires » ne manquaient pas d'éclabousser la classe politique, mais sans doute pas autant qu'aujourd'hui.

Où sont les « grands hommes » aujourd'hui ?

Au lieu de susciter, non sans raison, méfiance, dégoût et rejet – ce qui souligne le mauvais état d'une démocratie –, la politique devrait bien au contraire stimuler le débat, nourrir le désir de partager ses convictions, savoir argumenter, défendre ses positions, un dessein, une vision, dans un langage que chacun pourrait croire et ainsi estimer… En somme, participer pleinement à la politique par une parole sincère, directe, honnête revient à servir un projet en même temps que ses convictions et non une ambition jugée néfaste au bon fonctionnement démocratique. C'est d'ailleurs l'objet de cet ouvrage.

Préférence nationale

Deux mots aujourd'hui difficiles à employer ensemble sans les contextualiser au risque d'être ostracisé, alors qu'ils recouvrent une réalité faisant partie intégrante des pratiques de la République. Selon Wikipédia, l'expression aurait été élaborée en 1985 par des proches du Front national, notamment Jean-Yves Le Gallou. Il s'agit pourtant d'une réalité socioéconomique qui existait bien avant la vulgarisation de l'expression.

La notion de « préférence nationale », pour tenter de la définir clairement, consiste à réserver légalement des avantages financiers, ou liés à l'emploi, aux seuls détenteurs de la nationalité française.

La préférence nationale ne peut ainsi être confondue avec la préférence ethnique ou raciale (fondée sur la couleur de peau, les origines ethniques). Concrètement, il s'agit d'une « préférence nationale à l'embauche » quand on accorde la priorité à un travailleur français plutôt qu'à un travailleur étranger, européen ou non. Hors de son contexte, l'expression est parfois utilisée pour décrire une politique fondée sur la nationalité et/ou la résidence.

Historiquement, la nationalité française est, et a toujours été, le critère obligatoire pour obtenir certains droits et pratiquer certaines professions. Ainsi, la loi du 10 août 1932 protégeant la main-d'œuvre nationale fixait un quota de 10 % de travailleurs étrangers dans les entreprises privées, réduit à 5 % lorsqu'il s'agissait d'entreprises publiques. Certains droits sont subordonnés à la condition de nationalité tels que le droit de vote, ce qui paraît naturel. Les emplois de la fonction publique dite régalienne (défense, justice, impôts, police, etc.) restent totalement fermés aux étrangers, même européens. Pour autant, ainsi que l'explique une note de mars 2000 du Groupe d'étude des discriminations (GED), reprise sur le site du musée de l'Histoire de l'Immigration, « écartés du statut de fonctionnaires, les étrangers peuvent tout de même être recrutés comme non-titulaires ou contractuels en tant que médecins des hôpitaux ou enseignants-chercheurs dans les universités. L'État a ainsi la possibilité d'employer des étrangers pour exercer le même travail que des fonctionnaires sans leur accorder les avantages de ce statut ni les mêmes niveaux de rémunération. Des milliers de médecins dans les hôpitaux publics ou certains salariés des entreprises publiques comme à la SNCF, tous étrangers, sont touchés par cette discrimination légale. » Cette même note évalue à une cinquantaine le nombre des interdictions concernant le secteur privé.

Celles-ci « résultent généralement de mobilisations de certaines professions libérales, indépendantes ou salariées survenues en temps de crise (fin du XIXe siècle ou années 1930). Ces interdictions visent à protéger les emplois des nationaux de la concurrence étrangère. Numériquement, elles concernent d'abord les métiers suivants : infirmier, avocat, médecin, pharmacien, expert-comptable, architecte, notaire, huissier de justice ou dirigeant d'entreprise de pompes funèbres, de transport de fonds, de gardiennage ou de débit de tabac. Une trentaine de professions (chirurgien-dentiste, puéricultrice, coiffeur, etc.) ne peuvent être exercées sans être titulaire d'un diplôme français. Dans le domaine culturel, il est impossible pour un étranger de diriger une publication de presse, une école privée d'enseignement primaire ou secondaire, un casino ou une salle de spectacle. »

En 2009, la Haute Autorité de lutte contre les discriminations (Halde) estima ces interdictions discriminatoires. Le Sénat adopta une proposition de loi visant à supprimer les critères de nationalité pour les professions de médecin, chirurgien-dentiste, sage-femme, pharmacien, vétérinaire, architecte, géomètre expert et expert-comptable, mais l'Assemblée nationale la rejeta.

Des dispositions équivalentes sont en usage dans nombre de pays, à des degrés divers. Dans une vaste étude intitulée « Populist and Nativist Sentiment in 2019 » réalisée auprès de 18 000 personnes dans 27 pays, permettant de faire une comparaison internationale, l'institut Ipsos a testé un certain nombre d'affirmations, notamment d'ordre économique. « Parmi les phrases proposées, analyse *Le Figaro* du 9 septembre 2019, on trouve notamment l'affirmation suivante : quand les emplois sont “rares”, les employeurs devraient embaucher en priorité les nationaux plutôt que les immigrés. Une manière de tester l’adhésion à la “préférence nationale” en matière d’emploi. 54 % des Français se disent d’accord avec cette proposition (soit 3 points de plus qu’en 2016). » La préférence nationale « en matière d’emploi est une idée présente dans beaucoup de pays », explique la journaliste Chloé Morin, chef de projet chez Ipsos Global Affairs. Elle associe cette tendance au contexte « post-crise économique de 2008 ». « En France, poursuit-elle, nous sommes très focalisés sur le discours, et la préférence nationale est souvent liée au Rassemblement national, mais cette question est portée partout dans le monde, parfois par des partis politiques moins ostracisés. » L’étude montre que de nombreux pays souscrivent encore plus que la France à la préférence nationale. De plus, 45 % des Français sont par ailleurs d’accord avec l’idée que « les immigrés utilisent les services publics au détriment des nationaux », un score supérieur à la moyenne des 27 pays (43 %). En fait, un abîme sépare la réalité de son discernement, et ce notamment en raison de la perception de l’injustice économique et sociale en même temps que la pression exercée par les flux migratoires. « Dans tous les pays, la thématique de l’injustice est très partagée. Il y a l’idée que l’économie est un système qui fonctionne mal et désavantage le peuple. » Cela explique pourquoi les discours sur l’injustice, portés par des partis de gauche, mais aussi par le Rassemblement national en France, ont un tel écho. Et pourtant, paradoxe, toujours selon Chloé Morin : « La France est l’un des pays les moins inégalitaires, mais le sentiment qu’il y a de fortes injustices reste très élevé. »

Raison pour laquelle la thématique de la préférence nationale ne cesse de faire débat et de créer de nouvelles fractures au sein du corps social.

Raison

« Savoir raison garder », l'expression est passée de mode, et on peut le déplorer car notre époque, par un lent glissement, en appelle étrangement de moins en moins à la raison, comme si le mot s'était lentement dévalué. En revanche, il a été remplacé notamment au fil du discours, par un équivalent qui revient en leitmotiv : le bon sens. Or, cette faculté qui revient à savoir discerner le bien du mal et le vrai du faux est chez Descartes l'équivalent de la raison qui serait placé de façon « naturellement égale chez tous les hommes ». Le bon sens a des ennemis naturels : la passion et la folie.

Bien sûr, nous comprenons aisément que ce sens et cette occurrence se soient éloignés du sens originel de la *ratio* latine, qui signifie d'abord « calcul », « compte », et qui s'applique à la faculté ou à l'aptitude de savoir non seulement calculer mais encore présenter des justifications à l'exactitude de ce qui a été calculé… Nos arrière-grands-parents possédaient des « livres de raison », dans lesquels ils notaient leurs comptes, mais aussi les petits et grands événements familiaux ou nationaux. Puis le mot est entré dans le langage courant pour désigner la faculté de juger.

Il suffit d'écouter attentivement ses contemporains et les médias pour relever que leur discours s'appuie de moins en moins sur la raison ou le bon sens (même si la plupart s'en réclament), et plutôt sur son ennemi :

l'affectivité, ou de manière générale l'émotion. Notre approche du réel que sans cesse nous jugeons « compliquée » (mot employé à toutes les sauces) est dorénavant conditionnée non par un discernement ou une analyse raisonnée, mais par un jeu d'émotions. Le règne de l'affectivité remplace celui du raisonnable.

Si l'on en croit Kant, pour schématiser, la raison au sens large désigne tout ce qui, dans la pensée, est *a priori* « l'ensemble des principes qui président à la connaissance dont la vérité ne dépend pas de l'expérience ». D'où l'émergence d'un nouvel esprit scientifique au XXe siècle. La raison s'inscrit dans une dynamique : elle désigne les règles qui assurent, dans un ensemble culturel donné cohérent et identifiable (historique et géographique), la compréhension commune et l'intercommunicabilité.

Si nous voulons ainsi avoir une chance d'être entendus d'une oreille moins passive, nous devons prendre en compte cette nouvelle donne (qui nous fera devenir plus humbles !) et éviter de sombrer dans une rhétorique émotionnelle qui rend toute démonstration impossible et caduque. La raison et le fait de raisonner devraient reprendre le dessus, leur noblesse, leur efficacité, et conduire à nous faire aimer ses principes comme les conclusions qu'elle propose. Cette opération de la pensée qui part de plusieurs propositions admises doit aboutir à établir la vérité, la fausseté ou la probabilité de leur conclusion ; elle est en somme une inférence beaucoup plus développée. C'est par son recours que nous retrouvons la définition aristotélicienne de l'homme « animal raisonnable », c'est-à-dire capable de bien juger et discerner le vrai du faux ; le raisonnable s'applique au domaine de l'action (morale) pour qualifier une conduite « sage » ou un homme qui agit conformément au bon sens, alors que le rationnel s'applique à la connaissance.

Sans doute cela demande-t-il un effort – mot qui n'a guère de fortune ! – pour non plus prendre pour argent comptant tout ce que débitent les commentateurs, journalistes, analystes ou politiques qui cherchent à enlever une opinion, une approbation, ou plus simplement faire de l'audience, et prendre enfin le temps de la réflexion et accepter de s'en remettre à sa raison. Pourquoi avoir avec autant d'acharnement multiplié les émissions télévisées d'une pauvreté culturelle et intellectuelle flagrante, qui remplissent le temps mort jusqu'à le saturer ? Pourquoi préférer cette inculture généralisée et manifeste ? Sinon pour accepter d'être l'esclave d'une pensée totalitaire qui raisonne à notre place, et faire de nous des moutons de Panurge ou des citoyens serviles consentants. La raison d'un seul citoyen cultivé, bien informé, l'emportera toujours sur celle, toute faite, d'une masse informe éprise de sensations vides générant des émotions malsaines.

République

Peu de mots ont autant vu leur sens évoluer que celui de « république », la plupart du temps accompagné d'une majuscule pour bien montrer le respect et la déférence qu'il convient d'associer à tout ce qu'il englobe.

Issu à l'origine du latin classique, qui agrège *res* à *publica*, la « chose publique », il désignait une forme d'organisation politique de la société. Mais, dans cette acceptation, et jusqu'au XVIIIe siècle, ce mot n'apparaît que rarement dans les dictionnaires, si ce n'est pour définir un État ou un gouvernement populaire. En revanche, il était plus souvent employé pour désigner un ensemble de personnes partageant quelque chose, une communauté d'esprit, une société organisée telle que la république des arts ou celle des lettres… Il fallut attendre la Révolution française pour que le mot, choisi en référence à la République romaine qui avait succédé à la monarchie, s'applique à un régime politique, celui de la Ire République instaurée en septembre 1792 pour remplacer la monarchie héréditaire de droit divin. Mais les contours restent très flous. Pour preuve, le 18 mai 1804, le Sénat proclame Napoléon « empereur de la République française ». Lors de l'instauration de la IIe République, en février 1848, Alphonse de Lamartine précisait que « la République française n'a pas besoin d'être reconnue pour exister. Elle est de droit naturel, elle est de droit national. Elle est la volonté d'un grand peuple qui ne demande son titre qu'à lui-même ».

Trois républiques plus tard, les fondements sont constitutionnellement définis. Une devise d'abord, énonçant les principes fondamentaux : liberté, égalité, fraternité. Des droits intangibles, ensuite, inscrits dans l'article premier de la Constitution de 1958 : « La France est une République indivisible, laïque, démocratique et sociale. » Une séparation des pouvoirs, enfin, telle que préconisée par Montesquieu dans *L'Esprit des lois* en 1748. Ainsi, le pouvoir exécutif gouverne, le pouvoir législatif vote les lois, le pouvoir judiciaire rend la justice, en toute indépendance, du moins en principe.

La république à la française repose sur un principe fondamental, la démocratie : le pouvoir émane des hommes, au travers du vote, et non de Dieu, ou d'un principe héréditaire, en opposition avec la monarchie.

Mais ces mots, « république » et « démocratie », intimement liés dans notre système politique, ont été tellement rabâchés, et mis à toutes les sauces, qu'ils en ont perdu leur sens véritable. Jusqu'aux politiques qui, pour nombre d'entre eux, font l'amalgame entre les deux – alors que la république est une idée, voire un système, qui s'oppose notamment à la monarchie, tandis que la démocratie est un mode de gouvernement qui peut d'ailleurs être monarchique, comme en Angleterre ou en Espagne. Beaucoup de régimes politiques, de par le monde, jouent avec les mots, les vidant de leur sens, sitôt confronté à la réalité : on a connu l'Union des républiques socialistes soviétiques, fort peu démocratiques au demeurant, à l'instar de la Corée du Nord qui se nomme officiellement « République populaire démocratique de Corée » ! La forme républicaine d'un gouvernement ne garantit pas son démocratisme…

Pis encore, la République fait l'objet d'une idolâtrie disproportionnée aux dépens des individus qui la composent, de leur culture et des traditions ; elle remplace même dans le vocabulaire politique courant le mot « France », que plus personne ou presque n'ose prononcer… C'est un vaste sujet en soi : la République contre la France ! Elle finit par s'apparenter à un « machin », comme disait le général de Gaulle à propos de l'Onu, indéfinissable, un radeau de *La Méduse* pour hommes politiques en mal d'arguments. Qu'un professeur se fasse décapiter par un musulman terroriste parce qu'il n'a fait que son métier en enseignant à ses élèves la liberté d'expression, et voici le microcosme politique quasi unanime hurlant que « la République est en danger ». Pourtant, ce sont avant tout les hommes et femmes que l'islamisme met en danger, plus que le système.

Le mot est tellement usé, qu'il nécessite d'être associé : pacte républicain, comportement républicain, modèle républicain, valeurs républicaines. Jusqu'à la « tenue républicaine » à l'école sur laquelle nous nous perdons en conjectures… Serait-ce à dire que nos « chères têtes blondes » doivent toutes être vêtues de façon similaire, selon le principe d'égalité ? Avec une dominante de bleu ? Ou de rouge ? Peut-être de blanc…

Et que dire des « valeurs républicaines », qui nous sont servies par les politiques à toute occasion, heureuse ou malheureuse ? Car, cette notion n'a aucune existence légale en droit constitutionnel notamment, à la différence des principes à valeur constitutionnelle ou des fameux PFRLR, principes fondamentaux reconnus par les lois de la République. « Valeur républicaine » n'est qu'un fourre-tout, sans cadre ni limite, au contenu flou, qui ne signifie que ce que celui qui l'évoque veut qu'il signifie, tout en s'abstenant de le définir… Il s'agit en réalité d'un terme conjuguant deux mots qui rassurent voire manipulent… Celles invoquées par un « islamo-gauchiste » pour critiquer la lutte contre le séparatisme islamique ne diffèrent-elles pas de celles prônées par un gouvernement pour justifier cette lutte ?

Et que penser du « front républicain », censé rassembler tous les partis politiques dits républicains, malgré leurs divergences, contre le seul qui ne le serait point, le Rassemblement national ? Doit-on penser que le Rassemblement national, alors même qu'il participe aux élections, qu'il est représenté par des députés et sénateurs et que son dirigeant est parfois reçu et consulté par le président de la République, ne serait pas « républicain » ? Mais, alors, pourquoi ne pas tout simplement l'interdire ? Et s'il n'est pas possible de l'interdire légalement pour antirépublicanisme, ne faut-il pas alors en déduire qu'il est bien « républicain », réduisant alors le concept de « front républicain » à de la politique de bas étage ?

Il en va de même du « républicain » qui, à l'origine, n'est autre qu'un individu vivant dans une république. Avec le temps, en particulier au XVIIIe siècle, le mot a fini par désigner principalement le partisan de ce type de régime politique, contre la monarchie. Être républicain ne saurait être une vertu, mais un état de fait : en France, nous sommes tous républicains, au même titre que les gentilés du Chesnay-Rocquencourt sont chesnaycourtois.

Vivement que cesse ce prêchi-prêcha de politiques faussement vêtues des oripeaux républicains !

Responsabilité

Au chapitre IV de la Genèse, Caïn tue son frère Abel. « Serais-je le gardien de mon frère ? » répond Caïn à Dieu, qui lui demande où est Abel. Depuis des siècles, ce passage fondateur de la Bible donne lieu à de multiples interprétations, le texte laissant sous silence les motivations de Dieu lorsqu'il montre nettement sa préférence pour Abel, au détriment de Caïn dont il refuse les offrandes peut-être jugées inadéquates, faisant de lui le premier meurtrier de l'histoire de l'humanité, condamné dès lors à errer sur terre. Cet épisode biblique rappelle à l'homme que ses actes sont libres, mais non sans effet ni responsabilité. Mais qui est responsable ? Caïn, qui porte le coup fatal ? Dieu qui refuse l'offrande ? Serions-nous responsables les uns des autres ?

Le terme, dérivé du latin *respondere*, « se porter garant », « répondre de », vocable apparenté à *sponsio*, « engagement solennel », « promesse », « assurance », fut adapté en 1733 en Angleterre pour désigner « l'obligation pour les ministres de quitter le pouvoir lorsque le corps législatif lui retire sa confiance ». *Responsability* mettra cinquante ans à traverser la Manche. Ce mot, qui n'était plus en usage en France, restera limité à la sphère politique et journalistique avant de se diffuser dans toutes les branches du droit, administratif, pénal, commercial ou civil, pour définir par exemple l'obligation de réparer le dommage que l'on a causé par sa faute, ainsi que pour permettre au Premier ministre d'engager la responsabilité du gouvernement devant la représentation nationale. Bien plus tard, le sens du mot s'élargira et se banalisera dans le langage courant. C'est ainsi que l'on demande « le responsable » à l'entrée d'un magasin, pour désigner le directeur…

Est responsable celui qui rend compte et répond de ses actes ou de ceux des personnes dont il a la garde ou la charge. Et donc de leurs conséquences. Assumer pleinement sa responsabilité honore le respect d'autrui et garantit la possibilité d'une vie en société.

« Tout ce qui augmente la liberté augmente la responsabilité, affirmait Victor Hugo. Être libre, rien n'est plus grave ; la liberté est pesante, et toutes les chaînes qu'elle ôte au corps, elle les ajoute à la conscience ; dans la conscience, le droit se retourne et devient devoir. »

Cette responsabilité est confiée par une autorité, qu'elle soit physique ou morale ; par l'autorité divine pour les rois de jadis. La dilution de cette autorité amenuise le sens de la responsabilité. Tout élu est responsable par l'autorité du suffrage qui lui confère sa légitimité. « Ma responsabilité est de protéger tous les Français », déclare le président de la République, Emmanuel Macron, le 28 octobre 2020 lorsqu'il annonce à nouveau des mesures sévères pour pallier la crise engendrée par la Covid-19. La responsabilité du président n'est cependant que politique ; elle n'est point juridique en ce sens où il ne peut pas être mis en cause pour les décisions prises en tant que chef de l'État. Il en est autrement des membres du gouvernement, dont les décisions peuvent les conduire devant les tribunaux. L'affaire dite du « sang contaminé » a laissé des traces et a peut-être motivé, par application du principe de précaution, un excès dans certaines mesures en matière sanitaire lors de l'épidémie de la Covid-19.

Est-ce pour en écarter la suspicion que dans la tourmente du « sang contaminé », Georgina Dufoix, ministre des Affaires sociales et de la Solidarité nationale, annonce sur TF1 le 4 novembre 1991 : « Je me sens profondément responsable, pour autant, je ne me sens pas coupable » ? La responsabilité échappe alors au droit pour n'être que morale. Glissement de sens tragique. Quelle autorité dès lors peut redonner le sens de la responsabilité : la justice ? le peuple ?

Lors de la crise sanitaire de la Covid-19, la responsabilité s'est confondue avec la prise en charge ou l'assistance, qu'elle soit hospitalière, administrative, financière, voire politique. La confusion est commode et génère la dilution de la responsabilité : elle évite l'autorité et les comptes à rendre. Peu à peu, il n'est qu'à constater la perte de sens des responsabilités autant que la perte du sens de la responsabilité.

Sécurité

Peu employé avant le XVIIIe siècle, le mot vient du latin *securitas* qui désignait l'absence de soucis, la tranquillité et la sûreté.

La sécurité se positionne en seconde position sur la pyramide de Maslow qui hiérarchise les besoins d'un individu, après les besoins physiologiques de base.

Répondant à une forte attente et à un réel souci, l'exigence de sécurité est plus que largement prise en compte dans les différentes branches du droit français. En droit constitutionnel, cette exigence a pour objectif la sauvegarde de l'ordre public entendu comme « la sécurité des biens et des personnes », formant ainsi la première composante de l'ordre public dans le cadre de la police générale. Le Conseil d'État précise dans son rapport public de 2005 qu'elle « engendre la conviction que tout risque doit être couvert, que la société doit, à cet effet, pourvoir des dommages qu'elle a elle-même provoqués, mais encore de ceux qu'elle n'a pas été en mesure d'empêcher, ou dont elle n'a pas su prévoir l'occurrence ». Dans cette logique, le droit civil connaît de multiples régimes de réparations des dommages aux personnes, parmi lesquels le dommage corporel tient la première place, visant à indemniser toute atteinte à la personne : terrorisme, accidents de la circulation, victimes de l'amiante, etc. Dans le droit du travail, la sécurité des salariés a suscité un cadre législatif très dense et une jurisprudence nourrie. De même dans le droit pénal qui sanctionne les multiples infractions ou atteintes à l'intégrité physique des personnes. Bien que l'exigence de protection de la sécurité des personnes soit ainsi très largement prise en compte, elle est rarement formulée à travers l'affirmation d'un droit fondamental à la sécurité, du moins dans les limites du droit français. Le législateur exprime des principes qui légitiment et justifient la mise en place de dispositions législatives plutôt que de formuler un énoncé normatif ayant une évidente portée contraignante. Enfin, la Cour européenne des droits de l'homme, si elle ne garantit pas le « droit à la sécurité », stipule que « l'exigence de la protection de la sécurité des personnes est prise en compte à travers le développement d'obligations positives déduites du droit à la vie et du droit de ne pas subir des traitements inhumains ou dégradants ».

La tentation de vouloir « inscrire » la sécurité comme un « droit fondamental » ou, plus précisément, un principe constitutionnel, fait plus que jamais écho à l'exacerbation d'une demande de sécurité toujours plus forte au sein du champ politique et social. Elle est aussi le signe d'une mutation de l'approche : jadis l'exigence de protection de la sécurité s'exprimait surtout par la mise en place de dispositifs de sanctions (droit pénal) et de réparation (responsabilité civile), alors qu'aujourd'hui elle repose de plus en plus sur des mécanismes préventifs. Ainsi, aujourd'hui, la législation pénale comprend toute une série d'infractions pénales dites de « prévention » permettant de réprimer des comportements dont on soupçonne qu'ils pourraient déboucher par exemple sur un acte terroriste. Même logique pour le maintien en détention dans un centre de sûreté spécialisé de personnes ayant accompli leur peine, mais qui, selon le Code de procédure pénale, « présentent une particulière dangerosité caractérisée par une probabilité très élevée de récidive parce qu'elles souffrent d'un grave trouble de la personnalité », ou l'autorisation de mesures individuelles de contrôle et de surveillance (interdiction de circuler, obligation de pointage, placement sous surveillance électronique mobile) « aux seules fins de prévenir la commission d'actes de terrorisme ».

Soulignons également que le concept de « sentiment d'insécurité » ne repose sur rien de concret. Un sentiment ne saurait être une réalité. Un sentiment est subjectif ; les chiffres de la délinquance, par exemple, sont objectifs. Ce « sentiment » d'insécurité, tarte à la crème des discours politiques de gauche, parfois très éloigné de la réalité de cette insécurité, est amplifié par la réalité du terrain (diminution des moyens humains et matériels de la force publique), par les médias qui bien souvent montent en épingle la moindre bavure policière, ne retenant que les images de violence dans un seul sens, ou ces reportages complaisants au cœur de cités où la police n'interviendrait plus, par l'incivilité grandissante, et autres comportements déviants.

La rhétorique sur l'insécurité, devenue un argument de campagne, ne repose pas sur des lacunes du droit qui, déjà, propose de nombreuses solutions et orientations. Mais selon que la sensibilité est plutôt de gauche ou de droite, l'approche n'est pas la même : la droite dite traditionnelle sera davantage sécuritaire (et sévère dans la sanction) que la gauche dite progressiste qui préfère travailler en amont à ce que le pire soit évité. Pour la gauche, il n'y a pas de coupables, juste des parcours chaotiques et malchanceux… Paradoxe : les individus réclament plus de sécurité, mais le moindre discours « sécuritaire » de droite, extrême ou modéré, déclenche des réactions en chaîne vis-à-vis d'une politique accusée alors d'être inhumaine, inégalitaire, voire fascisante… Et combien il est difficile, voire impossible, dans ce contexte, d'analyser, par exemple, le lien qui pourrait exister entre immigration, insécurité et terrorisme.

L'insécurité, qu'elle soit des personnes, des biens ou de la culture, et la parole politique qui l'accapare sont devenues un instrument de clivage au sein d'une société déjà fracturée…

Séparatisme

Voilà un mot qui, depuis quelque temps, crée des vagues, des emportements, des réactions parfois radicales, plus par ce qu'il suscite comme peur que pour des raisons strictement rationnelles. Initialement, le terme était employé dans un sens religieux ; il est utilisé au milieu du XVIIe siècle pour désigner et stigmatiser les opposants à l'Église anglicane. Il faut l'entendre dans le sens où l'Église catholique appela longtemps « frères séparés » les Églises protestantes : comme ces courants qui s'étaient volontairement séparés de l'unité première, du « corps », comme un membre amputé. L'idée maîtresse est au fond la scission et la mise en péril d'une unité pensée comme nécessaire.

Aujourd'hui, le terme est plus spécifiquement appliqué à la problématique de l'identité politique et à la nécessaire cohésion de la nation autour de principes fondateurs. En France, il a été utilisé de manière précise dans *Le Figaro*, en mars 2018, lors de l'appel de cent intellectuels contre le « séparatisme islamique », et ensuite repris par Emmanuel Macron en janvier puis octobre 2020, pour désigner une communauté qui ne respecte pas les lois de la République ; en quelque sorte une actualisation de « communautarisme », dans une occurrence plus précise. Une désignation qui cible et circonscrit un problème particulier lié aux vagues successives de terrorisme islamique. Le séparatisme est donc compris comme un sectarisme, comme la tendance d'opinions et surtout d'idéologies religieuses principalement issues de l'islam – soyons clair – à vouloir rompre et se séparer de l'unité nécessaire, en imposant des actes nuisibles et, dans la forme extrême, des actes terroristes comme nous en avons récemment subis en France.

Le terme, enfin, est accolé au projet de loi n° 3649 « confortant le respect des principes de la République » discuté au Parlement au début de l'année 2021. Ce projet de loi entend rappeler les fondamentaux : dire et redire ce que sont ces fameux « principes » inhérents à l'identité de la République française, et tout d'abord affirmer qu'ils reposent tous sur ce socle fondateur qu'est la Déclaration des droits de l'homme et du citoyen, promulguée le 26 août 1789 puis placée en tête de la Constitution de 1791, puis dans le Préambule de celle de 1958, acte fondateur de la Ve République : « Le peuple français proclame solennellement son attachement aux Droits de l'homme et aux principes de la souveraineté nationale. » Cet attachement profond, pour ne pas dire viscéral, suppose un double mouvement : chaque citoyen en reconnaît la légitimité, manifeste son attachement à ces principes, et la République reconnaît le fait que chaque citoyen appartient au corps de la souveraineté nationale. De même, l'article 3 de la Déclaration des droits de l'homme affirme : « Le principe de toute souveraineté réside essentiellement dans la nation. Nul corps, nul individu ne peut exercer d'autorité qui n'en émane expressément. » L'article premier de la Constitution proclame que « la France est une République indivisible, laïque, démocratique et sociale ». C'est cette indivisibilité et cette unité comprises comme consubstantielles que la loi dite sur le « séparatisme » est censée préserver ou renforcer.

S'agissant de la liberté de religion, il faut avoir à l'esprit l'article 10 de la Déclaration des droits de l'homme (« Nul ne doit être inquiété pour ses opinions, même religieuses, pourvu que leur manifestation ne trouble pas l'ordre public établi par la loi »), ainsi que l'article premier de la loi de 1905 sur la laïcité : « La République assure la liberté de conscience. Elle garantit le libre exercice des cultes sous les seules restrictions édictées ci-après dans l'intérêt de l'ordre public. »

Ainsi posé, il faut comprendre l'enjeu de cette loi, d'abord baptisée de « lutte contre le séparatisme » puis, dans un second temps, de loi « confortant le respect des principes de la République », à savoir : garantir le respect des principes républicains et le libre exercice du culte.

Par peur d'être une fois de plus accusé de stigmatiser une religion plus qu'une autre, en l'occurrence l'islam, le gouvernement a modifié l'intitulé de la loi, réaction assez hypocrite puisque les dispositions ciblent notamment certaines pratiques propres à un islam jugé dangereux ou attiré par l'extrémisme, à savoir par exemple la polygamie, les certificats de virginité, les mariages forcés, pour ne citer qu'eux, et qui sont le propre de certaines « coutumes » d'un islam qui place ses principes religieux au-dessus des lois de la République.

Les principes de la République étaient-ils à ce point devenus faibles ou mis à mal pour avoir besoin d'être « confortés » ? Certainement pas. En revanche, ils avaient besoin d'être proclamés encore et encore afin de prévenir ceux qui voudraient s'en éloigner, s'en séparer, qu'ils se condamnaient eux-mêmes à ne pas faire partie du corps de la nation, ce qui est fort différent. Ils avaient besoin aussi d'être rigoureusement appliqués par les services de l'État (surveillance et fermeture de mosquées, interdiction d'associations, expulsion des imams et autres individus dangereux dans leurs actes et paroles…), mais l'action n'a pas réellement suivi les beaux discours et engagements gouvernementaux.

Yves de Kerdrel écrivait en août 2020 dans *Valeurs actuelles* : « Le séparatisme est le résultat de notre pusillanimité et de nos lâchetés. » On aurait du mal à le contredire.

Sociétal

Certains mots semblent avoir été inventés non pour éclaircir une notion, mais la rendre plus opaque. Et la plupart du temps, le sens de ce nouveau mot nous échappe alors qu'il en existe déjà d'autres pour désigner la même chose. C'est le cas du terme « sociétal » employé aujourd'hui à tout-va et qui, pour beaucoup, a remplacé le mot « social », terme dérivé de *societas*, « association, réunion, communauté », lui-même dérivé de *socius :* « compagnon », qui est entendu depuis le XVIe siècle, selon le *Dictionnaire historique de la langue française*, comme « ce qui est relatif aux relations entre les individus », puis, un peu plus tard, « ce qui est propre à la vie humaine dans son aspect collectif ».

Dans un article de *L'Humanité* de janvier 2013, le philosophe André Tosel propose une définition : « Comment définir la différence entre ce qui relève du "sociétal" et ce qui relève du "social" ? Acceptons que le sociétal désigne les modes de la vie quotidienne en commun considérés du point de vue de leurs normes et du débat sur la définition de ces normes, et que le social désigne ce qui relève de la production de la société en fonction d'une division sociale marquée par l'exploitation et l'inégalité des classes et des groupes sociaux. On voit que la distinction est flottante. La famille, ses institutions, ses pratiques réglant la reproduction des humains est aussi sociale que sociétale : elle est sociale car elle demeure une unité de reproduction de la vie générique humaine en reproduisant génération après génération les acteurs sociaux, et elle est sociétale en tant que les règles structurales de l'alliance et de la parenté sont à la base des modes d'existence. Elle relève à la fois de la vie, du travail et du langage. » Pourquoi pas… L'emploi de termes aussi marqués que « exploitation » ou « classes sociales » brouille un peu les pistes en marxisant la définition, mais peu importe ; nous sommes en présence d'un champ sémantique plutôt complexe, ou les sens voisinent et se mélangent.

La société est-elle aussi facilement divisible dans son mode de répartition, ses occupations, ses aspirations, ses choix ? Rien n'est moins sûr. Mais les Français aiment bien que telle activité, telle préoccupation soient dans une case, une catégorie, avec une étiquette bien claire qui permette de mieux identifier le « problème ». Pour mieux faire comprendre ce que recouvrent ces mots, nous pourrions dire que les partenaires sociaux (c'est-à-dire les syndicats) se préoccupent davantage des problèmes sociaux que des problèmes sociétaux. Ils s'inquiètent plus pour l'emploi et sa sauvegarde, les conditions de travail, la sécurité des salariés, que du mariage pour tous, de l'euthanasie ou de la PMA. Cela permet de mieux cerner les enjeux, car les réformes « sociétales » s'opèrent dans un autre champ que celui strictement social, elles interfèrent dans des domaines qui touchent moins de personnes. Le sociétal est à la marge du social. Raison sans doute pour laquelle les politiques s'en inquiètent autant, car ils sont convaincus que leur « réputation » ou plutôt la fiabilité de leur engagement politique devient lisible et honorable quand ils font voter une « réforme sociétale » comprise comme un bel ajustement de la loi sur l'évolution des mœurs par exemple, et comme la réponse à une attente pressante ou supposée telle. Un gouvernement qui réussit à faire voter une loi éminemment sociétale ne peut être que très concerné par l'amélioration du bien-être du peuple. Nul besoin de réfléchir longtemps pour comprendre qu'il est en effet préférable en termes d'image, à l'égard des médias, d'être l'instigateur de ces « avancées » que de régler en profondeur certains problèmes sociaux : il en va de la loi sur l'avortement comme celle sur le Pacs, le mariage pour tous, qui donnent une si belle impression de libéralisme et qui permettent de remettre à plus tard de nombreux nœuds gordiens qu'il est avantageux de ne pas trancher, comme le financement des retraites, la réforme du système hospitalier ou la réforme du système fiscal… Accorder des permissions, des droits en réponse à une inquiétude sociétale réelle ou supposée, le plus souvent portée par une minorité donne une si gratifiante image des bienfaits dont le pouvoir est capable… Le plus étonnant, c'est que ce genre de diversion fonctionne à merveille et que l'opinion valide de telles décisions, même quand les débats qui l'ont précédé furent des plus houleux. Les réformes sociétales ne seraient-elles que des « produits d'appel » pour endormir le débat démocratique sur les problèmes sociaux récurrents ? Le fait est que la retranscription législative, avec le concept de « responsabilité sociétale », laisse entendre que nous sommes loin d'être sortis de cette confusion qui s'opère à profit des politiques eux-mêmes.

D'ailleurs, les correcteurs du *Monde* ne manquaient pas de s'interroger, le 8 septembre 2015, sur leur blog « Langue sauce piquante ». « Dans l'acception qu'il a fini par revêtir, […] l'adjectif "sociétal" a trait essentiellement à l'individu dans ses rapports avec la société, et en particulier à la latitude de mœurs qu'on veut bien lui octroyer. De son côté, "social" est de plus en plus cantonné à la stricte vie économique, traînant son lot de problèmes insolubles et son lourd pathos : fracture sociale, aides sociales, cohésion sociale (positivons !)… Dans bien des cas, pourtant, il nous semble que les deux adjectifs sont interchangeables, ou qu'à tout le moins "social" remplirait un rôle équivalent. L'euthanasie, le mariage "pour tous" ou la dépénalisation du cannabis ne sont-ils pas des questions aussi sociales que le chômage ou la retraite ? » Il serait tout de même un peu naïf de voir dans ces réformes sociétales seulement une volonté de détourner l'attention populaire pour éviter de devoir traiter de situations jugées à tort comme insolubles (chômage de masse, financement des retraites, insécurité, islamisation, etc.). Elles sont souvent aussi la manifestation de cette « crise de la vérité » ou du déclin de notre société occidentale.

Souveraineté

Le sens moderne de ce mot apparaît au XVIIIe siècle, notamment chez Jean-Jacques Rousseau, et désigne, selon le *Dictionnaire historique de la langue française*, « le principe abstrait d'autorité dans le corps politique », puis le droit individuel à la décision politique. Par extension, le terme s'applique au « caractère d'un État qui n'est pas soumis à un autre », et donc qui est libre et indépendant. Il renouvelle en cela l'emploi médiéval et l'ordre monarchique féodal pour qui la souveraineté était la prérogative d'exercer sur un territoire délimité par des frontières une domination légitime sur les individus peuplant ce territoire ainsi que sur les institutions intermédiaires.

Dans les faits, ce droit revient selon Jean Bodin (*Les Six Livres de la République,* 1576) à tout d'abord « contrôler ses frontières, puis faire et défaire et exécuter les lois, exercer la justice, lever l'impôt, battre monnaie, recourir à la force pour maintenir l'ordre public ». Très vite, la définition est complétée par un aspect majeur, l'indivisibilité, tout comme pour la République et la nation. Il va de soi que la création de l'Union européenne et l'adoption du traité de Maastricht mettaient à mal cette ancienne conception, notamment par l'abandon de compétences nationales, l'assujettissement du droit français au droit européen, la décentralisation des pouvoirs, l'élection de députés européens et donc de représentants autres que ceux de l'Assemblée nationale ou la création d'une monnaie unique ; et ce, dans un long processus de mondialisation que les nations comprirent comme une dépossession de leurs droits nationaux. Dans le même temps, ce bouleversement favorisa l'émergence de régionalismes, d'une volonté identitaire forte et nombre de réactions jugées contraires au « mouvement de l'Histoire ».

Et pourtant, il suffit de retourner quelques décennies en arrière pour comprendre que la souveraineté fut dès l'avènement de la Ve Republique, en 1958, une volonté politique comprise comme la base même des prérogatives de l'État. Ainsi, l'article 3 de la Constitution de

1958 stipule : « La souveraineté nationale appartient au peuple qui l'exerce par ses représentants et par la voie du référendum. »

Parmi les ardeurs défenseurs et théoriciens de ce que nous nommons aujourd'hui « souverainisme » (terme importé du Canada au moment du second référendum sur l'indépendance du Québec), qui fut rapidement condamné par toute une frange de la gauche et d'une partie de la droite européiste, un nom vient immédiatement à l'esprit, celui de Marie-France Garaud. Pour cette éminence grise, avocate et haut fonctionnaire, qui eut un rôle considérable sous le septennat de Georges Pompidou, comme très influente conseillère avec Pierre Juillet, la souveraineté n'est pas un attribut de l'État, elle est l'État. Elle reprend en cela ce qui, depuis la Révolution française, paraissait comme une évidence. Et même Napoléon III affirmait dans ses *Rêveries politiques* : « Malheur aux souverains dont les intérêts ne sont pas liés à ceux de la nation. » Marie-France Garaud ne disait rien d'autre, en 1992, après le référendum pour l'adoption du traité de Maastricht : « La souveraineté nationale, qui est au centre de tout, est en péril de mort. [...] Un État – la France – est souverain lorsqu'il a l'autorité et le pouvoir de disposer librement de son présent et de son avenir. Dans les principes de notre République, cette souveraineté appartient à la nation, c'est-à-dire à l'ensemble des citoyens et à eux seuls. » Lors d'innombrables débats, elle se plaisait à citer Jean Foyer : « La souveraineté, c'est 1) décider de la paix et de la guerre, 2) battre monnaie, 3) rendre la justice et 4) faire la loi. » Cette conception n'était nullement exclusivement juridique, mais se réfère à Jean Bodin qui considérait que « la puissance souveraine n'est point un attribut de l'État, elle est de son essence ».

Une large part de cet héritage fut continuée sans être altérée par Philippe Séguin et se focalisera notablement sur la création de l'euro qui nous réduit à n'être qu'une partie de l'« Euroländ »... La souveraineté ainsi abdiquée, la France devient une province de l'Europe.

Et, là encore, les mots perdent leur sens. « Qui peut bien avoir intérêt, s'interroge avec raison Michel Onfray, dans sa revue *Front populaire* (été 2020), à faire du souverainisme, à savoir l'autre nom de l'indépendance, une insulte, sinon d'étranges personnages sortis de *1984* qui souhaitent faire passer la servitude pour la liberté, la dépendance pour l'autonomie, la soumission pour la libération, la vassalité pour l'affranchissement, la sujétion pour l'émancipation ? Ces gens souhaitent en finir avec la France, l'abolir, la rayer de la carte, l'effacer, la détruire. »

Défendre l'idée de souveraineté n'est pas être au sens strict un conservateur, mais un citoyen conscient de l'histoire de son peuple et fier de l'indépendance de la nation : la souveraineté politique, à l'égard de l'Union européenne ou du Conseil de l'Europe, ne doit pas se muer en un souvenir. La souveraineté économique par rapport aux États-Unis d'Amérique, à la Chine, aux pétromonarchies ne doit pas passer au second plan si l'on veut que notre économie ne soit assujettie à des superpuissances étrangères. Et la souveraineté culturelle devient une urgence quand on pense, le cœur serré, au déclin de la culture française soumise à l'ostracisation par la culture américaine...

Subsidiarité

Venant du latin *subsidium*, qui signifie « réserve », « secours » ou « renfort », la subsidiarité suppose de laisser la responsabilité d'une action, lorsqu'elle est nécessaire, à l'entité compétente la plus proche de ceux qui sont directement concernés par cette action. Il s'agit ainsi de donner aux individus, aux groupes intermédiaires ou aux collectivités locales toute l'autonomie dont ils sont capables, et de permettre aux instances plus élevées (en dernier ressort, l'État) d'intervenir seulement en cas d'insuffisance ou de besoin.

Ce principe de dévolution des compétences n'est pas nouveau : conçu par Aristote dans *Les Politiques*, évoqué par Jésus-Christ lors de la multiplication des pains, développé par le christianisme, sous l'influence notamment de saint Thomas d'Aquin, il est également consacré dans notre système juridique. La subsidiarité est prévue à l'article 72 de notre Constitution, concernant les collectivités territoriales, ainsi que dans le traité sur l'Union européenne signé à Maastricht en 1992, pour définir la règle de partage des compétences entre les États membres et la Communauté.

La subsidiarité apporte une réponse à la question : à qui revient le droit et le devoir de décider ? Elle permet de prendre la décision au plus proche des réalités pour mieux la lier à ceux qui devront la respecter. Ce faisant, elle responsabilise les décideurs et les administrés.

Dans cette logique, l'État a davantage pour mission de susciter et soutenir des initiatives visant l'intérêt général plutôt que de contraindre. D'ordonnateur, il se mue en organisateur des actions publiques et en facilitateur des actions privées, individuelles ou collectives. Cette logique vaut tant pour l'organisation territoriale, avec la gestion des collectivités locales, que dans la vie économique. Elle suppose un changement de paradigme : les initiatives et les décisions doivent venir du local et être encouragées par l'État, selon une démarche ascendante, du bas vers le haut, de la périphérie vers le centre. C'est ainsi l'idée que le conseil municipal ou communautaire a davantage de légitimité pour décider des règles de circulation et de stationnement dans la commune que les fonctionnaires du ministère de l'Intérieur, des Transports et de la Délégation interministérielle à la Sécurité routière, qui ne laissent presque plus aucune marge de manœuvre sur le terrain, avec de surcroît un Code de la route jacobin de 1 852 pages. L'affaire des 80 km/h l'a encore tout récemment démontré. C'est également l'idée que l'État doit davantage faire confiance aux acteurs économiques, en premier lieu au patronat et aux syndicats, pour définir les règles économiques ou des solutions pour l'emploi, et que chaque entreprise ou branche d'activité doit pouvoir, davantage que les hauts fonctionnaires de Bercy ou du ministère du Travail, déterminer le temps de travail ou les modalités de télétravail.

Durant la crise sanitaire de la Covid-19, chacun a été témoin des dysfonctionnements de l'État, notamment dans la gestion des soins, des masques ou encore de la parole gouvernementale. Ce sont surtout les régions, comme Auvergne-Rhône-Alpes ou Île-de-France, ou les entreprises, comme LVMH, qui ont commandé, réceptionné et livré du gel, des masques, des gants ou des blouses. Les services de l'État ont tardé à réagir ; par manque de souplesse, trop englués dans le millefeuille administratif, ou par abstention.

Si nous n'avons pas encore tiré tous les enseignements de la crise de la Covid-19, deux au moins semblent acquis. D'une part, les Français doutent, voire se méfient de l'action de l'État et des institutions européennes – si ce n'est de son fondement, au moins de son efficacité –, alors qu'ils maintiennent leur confiance dans les élus locaux. D'autre part, ces mêmes Français ont fait preuve d'une grande responsabilité individuelle lors du confinement, notamment en ce qui concerne les gestes barrières ; cette épidémie nous a fait comprendre que chacun de nous était, par son comportement, responsable du sort de tous les autres.

Responsabilité individuelle, confiance dans l'action locale, distance vis-à-vis de l'État central… Cette réalité porte un nom : la subsidiarité. Si ce principe de subsidiarité est bien inscrit dans notre droit positif, il reste néanmoins comme un vœu non sanctionné puisque c'est finalement le niveau le plus élevé, à savoir l'État central, qui estime souverainement si ce principe doit ou non être respecté en l'espèce et s'il peut ou non légiférer par loi et décret.

Une suggestion. Pour donner effet au principe de subsidiarité, nous pourrions imaginer une procédure de contrôle de subsidiarité sur le modèle de la QPC (question prioritaire de constitutionnalité). Ce recours, qui serait dit « question prioritaire de subsidiarité (QPS) », permettrait, avec effet suspensif, à une entreprise ou une collectivité locale d'agir, devant le Conseil constitutionnel ou le Conseil d'État, pour que le juge puisse apprécier le bien-fondé du niveau d'intervention et vérifier si la norme ainsi critiquée (loi, décret, arrêté ministériel) ne porte pas atteinte à ce principe de subsidiarité.

Avec la liberté, l'égalité et la fraternité, la subsidiarité pourrait être alors le quatrième pilier de toute action, publique ou privée, individuelle ou collective. Pariant sur la responsabilité individuelle, la subsidiarité fait toujours grandir : elle est au service des hommes.

Vivre ensemble

L'expression est depuis des années servie à tout bout de champ, par tous les membres de la classe politique, pour justifier d'une nécessité voire d'une urgence. Elle est devenue une réponse à un malaise, car étonnamment elle contient des présupposés : vivre ensemble, c'est ne pas vivre chacun de son côté ou dans son coin, chacun pour soi, mais dans l'espoir de former corps ; c'est aussi vivre en « bonne intelligence », c'est-à-dire sans tension, sans violence, dans le but de créer une espèce d'harmonie.

Et si on en appelle si fréquemment à l'expression, c'est pour mieux constater – sans jamais le formuler clairement – que ce n'est pas le cas, ou du moins pas fréquemment… En somme, nous ne saurions pas vraiment « vivre ensemble », seule issue à une désagrégation d'une unité supposée, nous aurions comme oublié en chemin cet art de vivre et ses principes, non pas de savoir « se tenir en société », mais seulement de partager avec autrui un plaisir conjoint, celui d'une présence agréable, dans la conscience d'appartenir à un dessein commun.

Pourquoi est-il donc devenu apparemment si difficile de vivre ensemble ? La réponse n'est jamais clairement formulée, pour une raison simple : elle n'est pas politiquement correcte. En effet, il n'est pas de bon ton d'affirmer ou de reconnaître que les causes de la difficulté de ce « vivre ensemble », les uns avec les autres, sont justement dues aux « autres » ; ou plus précisément à leurs coutumes, à leurs mœurs, à leurs usages, aux différences de toutes natures qui, au lieu de fédérer, éloignent.

Cette volonté de mélanger les origines ne date pas d'hier, que l'on songe par exemple à l'obligation faite par quelques têtes pensantes de la Révolution française de mettre fin aux clivages sociaux et d'organiser des repas citoyens en pleine rue : tout le monde à la même enseigne, à la même table, artisans, commerçants, bourgeois, aristocrates. Bien évidemment, les Français n'aimant guère qu'on leur impose d'être conviviaux, l'initiative ne fut guère couronnée de succès... Et chacun semble avoir retrouvé sa place sans avoir pour autant ruiné la cohésion de la nation – nul besoin d'être collés les uns aux autres pour former un même corps. La difficulté ne fit que s'accroître au fil du temps, selon l'intensité des vagues migratoires consécutives, notamment dans le sillage de la décolonisation : un flux permanent d'immigrés venait augmenter la diversité, population laborieuse souvent très éprise de ses coutumes, et augmenter la complexité de la mosaïque sociale déjà hétérogène. Les différents chocs économiques ne firent que mettre plus encore en évidence l'atomisation d'une société disparate où se mêlaient nombre d'ethnies, d'autres religions, d'autres types humains. Dans ce creuset sans cesse nourri de toujours plus de diversité, la société avait du mal à rester cohérente, unie, soudée... Elle tendait à devenir ce que le sociologue Jérôme Fourquet appelle un « archipel », un conglomérat éclaté, une somme d'îlots possédant chacun son identité, comme si cet éclatement était incapable de former réellement société.

Or, le corps social peut être composite, il n'en reste pas moins unifié. Mais cela suppose des préalables, et le premier d'entre eux réside, en effet, dans la volonté commune de vivre ensemble sans chercher davantage de divisions, sans favoriser le communautarisme, sans vouloir non plus s'exclure à tout prix pour former une poche de résistance au sein même de l'îlot ! Cohésion, voilà le maître mot de la République française, de la France, de la nation, elle-même tout à fait consciente d'être parvenue non sans mal parfois à former un corps à partir d'identités régionales fortes, voire d'influences étrangères manifestes et constantes. Car vouloir « vivre ensemble » suppose encore qu'il y a des « trouble-fête », des catégories de population qui non seulement ne jouent pas le jeu, mais entendent imposer une autre manière de vivre : la leur.

Il s'agit aussi d'accepter voire de s'enrichir de ces différences. La France est depuis toujours le fruit de ces ajouts, de cette fameuse diversité, et elle a su mieux que tant d'autres nations européennes trouver la bonne recette : en posant les principes démocratiques comme normes fondatrices, en enracinant son désir de vivre en harmonie dans une histoire, dans une culture ouverte jamais pusillanime.

Rares sont les expressions qui véhiculent autant de non-dits ! Des aspects négatifs bien sûr, comme le constat d'un échec, la disparition avérée d'un ancien art de vivre, mais aussi des aspects positifs comme l'espérance de parvenir à vivre, en effet, en bonne intelligence les uns avec les autres et surtout de faire régner tolérance, respect, entente, voire bienveillance.

Au fond, nous connaissons tous le secret d'un « vivre ensemble » harmonieux, sans *a priori*, sans haine, sans ségrégation, sans rejet, mais nous craignons juste parfois d'en rappeler les conditions nécessaires ou même de les imposer à ceux qui les rejettent…

Une nation forte et unie ne se pose plus la question de savoir comment procéder pour conserver intact son art de vivre, sauf quand elle redoute de l'avoir à jamais perdu.

Troisième partie

LE RAPPORT À DIEU

Outre la déconnexion de l'homme vis-à-vis de la nature, de ses semblables ou de lui-même, il faut bien admettre qu'il s'est progressivement déconnecté du spirituel en général et de Dieu en particulier, à travers les trois grandes religions monothéistes, trop souvent mal appréhendées.

Dans la France d'aujourd'hui, minée par le consumérisme, un athéisme bien-pensant et de circonstance, un individualisme forclos, voire une suspicion générale à l'égard de toutes les religions et même de toute forme de religiosité, être croyant est perçu comme une lubie, un archaïsme. Chercher à comprendre le monde ou, plus exactement, à expliquer l'inexplicable, à l'aide de la religion devient désuet et même suspect. Pire encore : les « racines chrétiennes de l'Europe » ont été jetées aux orties, de même qu'en France l'esprit du catholicisme, qui depuis Clovis participa à la construction de notre nation, est oublié, nié, voire vilipendé.

C'est pourtant sur la base des préceptes des trois grandes religions monothéistes que reposent l'opposition entre le bien et le mal, notre façon d'appréhender la mort et, au-delà, les règles indispensables de vie en société.

Peut-être conviendrait-il de revenir à des fondamentaux. À l'instar du poète et diplomate libéral du XVIIIe siècle, Louis-Philippe de Ségur, qui affirmait : « On doit désirer la liberté sans licence, la religion sans fanatisme, la croyance sans superstition, la philosophie sans athéisme, l'égalité politique sans saturnales, la monarchie sans despotisme, l'obéissance sans servitude, la paix sans faiblesse, et le repos sans apathie. »

Bien / Mal

Le sens de ces deux mots, formant une espèce de couple mythique, s'est édulcoré au point d'être difficilement définissable. Cette usure recouvre un fait social, résultat d'une lente désagrégation tout à fait symptomatique du nihilisme qui, justement, abolit cette distinction et s'affirme au sein d'un monde nouveau, d'un nouvel ordre né des ruines des valeurs traditionnelles, principalement chrétiennes. Comment s'étonner d'ailleurs que cette logique ait été aussi prospère quand on sait que le nihilisme nietzschéen se fonde sur l'absence de fins assignables : « les fins manquent », et donc pas d'eschatologie susceptible de donner un sens à la vie humaine, rien qu'un « devenir sans but » dans un monde où « Dieu est mort »…

L'effritement progressif des anciennes valeurs a favorisé la naissance de philosophies athées telles que l'existentialisme ou le structuralisme. Ce constat renvoie à une réalité où tout semble désormais vide de sens : ce qui jadis était blanc ou noir, bien ou mal est dorénavant noyé, dilué dans une infinie palette de gris… Le bien serait décidément trop attaché à une morale, notion jugée aujourd'hui rétrograde. Pourtant, la définition du bien et du mal suppose un ordre, une règle à partir de laquelle se situer ; elle fonde toute action humaine. Comment s'étonner dès lors que rien ou si peu ne vienne maintenant nous aider à trancher, choisir, nous déterminer ? Comment s'étonner de cet aveu de Jean-François Delfraissy, président du Comité consultatif national d'éthique, ainsi que du tristement célèbre Conseil scientifique Covid-19, qui, dans une interview donnée à *Valeurs actuelles* le 3 mars 2018, déclarait : « Entre les innovations de la science et celles de la société, il n'y a pas de bien et de mal. […] Je ne sais pas ce que sont le bien et le mal, et vous avez de la chance si vous le savez vous-même ! », réduisant presque à néant le rôle du Comité qu'il présidait ?

Nous sommes loin des morales eudémonistes qui ramenaient la quête du bien à la recherche du bonheur personnel, qu'Aristote définit comme la sanction de l'activité la plus noble de l'esprit ; loin des principes mêmes du christianisme, qui identifie l'idée du bien à la Sagesse divine ; loin de Kant, pour qui la « bonne volonté » se confond avec le bien absolu.

Rappelons aussi que la connaissance du bien et du mal est à l'origine de notre malheur pour les uns, de notre délivrance pour les autres, plus exactement du péché originel évoqué dans la Bible : le fruit défendu (pomme ou figue ou datte, peu importe) croqué par Adam et Ève est le fruit de l'Arbre de la connaissance du bien et du mal ; il en résulte la conscience de soi (« Ils virent qu'ils étaient nus »), la liberté de l'homme, sa mortalité. Dans *L'Archipel du goulag*, Soljenitsyne confessait : « Peu à peu, j'ai découvert que la ligne de partage entre le bien et le mal ne sépare ni les États, ni les classes, ni les partis, mais qu'elle traverse le cœur de chaque homme et de toute l'humanité. »

Il est sans aucun doute plus aisé de définir le bien que le mal et ses multiples facettes. Pour penser le bien, il est utile de s'en remettre à une loi transcendante, laquelle éclaire nos choix bien plus qu'elle ne nous dicte le détail de notre conduite. Pour un croyant, désirer le bien c'est encore désirer Dieu et l'aimer. Nombre de nos contemporains estiment que l'existence du mal prouverait l'inexistence de Dieu. Logique aberrante ! Mais cohérente dans un univers rivé à l'immanence et où l'absurde l'emporte sur le mystère. La présence du mal semble rendre le monde obscur, et nous le regardons avec un mélange d'effroi et de résignation. Le mal est là, en permanence sous nos yeux, actif et dévastateur, mais nous n'en voyons au fond qu'une infime partie. Cette absence d'acuité vient sans doute de cette autre logique selon laquelle « tout se vaut et donc rien ne se vaut », d'un relativisme global, ou de la pensée désormais courante sinon banale qui veut que « tout est permis », parce que justement Dieu n'existerait pas, ainsi que le relevait Dostoïevski.

Et cependant nous peinons à penser le mal, à en connaître la cause. La pensée théologique le comprend comme un manque ; Platon le voit comme une dégradation progressive de l'être, une forme de décadence ; pour Descartes comme pour Hegel, il est une erreur. Mais sa réelle complexité philosophique se dégage avec Leibniz, qui distingue le « mal métaphysique », une « simple imperfection », du « mal physique », qui est souffrance, et du « mal moral », qui est péché.

Penser le mal reviendrait à se poser la question de la nature du péché, qui est un manque lui aussi, une offense volontaire à la loi de Dieu. Et, pour un croyant, comme un chrétien, un juif ou un musulman, il s'enracine dans l'orgueil d'Adam comme dans le meurtre de Caïn qui, au lieu de comprendre les enjeux de la Loi et de la Parole divine, au lieu d'ajuster sa conduite, se laisse submerger par une colère sans bornes et une inextinguible soif de vengeance. Le mal est d'abord un refus, un cancer, en désignant la volonté de faire le mal pour le mal. Saint Paul partage cette conception, lui pour qui le mal est une intention viciée, une volonté mauvaise, le signe du pouvoir en nous du démon. Saint Augustin, de son côté, voit dans le mal un « défaut de bien », alors que l'action mauvaise est le fruit d'un choix délibéré. Mais l'abondance des thèses finit par obscurcir les notions au lieu de les éclairer.

Qui se soucie de vivre bien ? C'est-à-dire non seulement en conformité avec un « ordre », une pensée, une Loi, mais encore avec sa volonté délibérée, consciente des risques d'une pensée futile ou indifférente.

Plus nous serons amnésiques quant aux fondamentaux de notre culture et à ses racines, qu'elles soient grecques, judaïques ou chrétiennes, plus nous aurons de difficultés à comprendre et penser le mal pour nous en éloigner. Plus l'époque sera consumériste, égocentrique, relativiste, éloignée des fondements de son histoire, plus nous serons incapables de déduire, comme l'écrit Dostoïevski dans *Les Frères Karamazov*, que « le mal a toujours une origine spirituelle ». D'autant plus que le mal n'a de pouvoir sur nous que celui qu'on veut bien lui laisser.

Philippe Muray, dans son jubilatoire pamphlet *L'Empire du bien*[1], fustige les nouveaux moralisateurs

1. Les Belles Lettres, 1991.

qui font du « Bien », avec une majuscule, une valeur cardinale sans autre fondement que de nous protéger de nous-mêmes : « L'emprise de la bien-pensance et de l'altruisme ne cesse de grandir : nous vivons à l'ère des conformismes, des fausses idoles médiatiques et du vide universel au nom d'un humanisme privé d'humanités… La dictature du prêt à penser et de la bienveillance, rançon de l'inculture, empoisonne nos vies de joyeusetés factices dans laquelle l'homme contemporain se perd. »

Revenons à l'essentiel avant que le mal nous emporte.

Catholicisme

L'Église, du grec *ekklêsia*, qui désigne l'assemblée des citoyens puis, dans le Nouveau Testament, celle des fidèles, est « catholique », c'est-à-dire « universelle » en référence au grec ecclésiastique *katholikê ekklêsia*, employé par Clément d'Alexandrie, *katholikós* désignant ce qui est général, universel.

Sous l'influence du protestantisme, Rabelais invente le syntagme « Église romaine » dès 1546 et, au XVIIe siècle, celle-ci devient fréquemment « gallicane », française, alors que la Réforme précise vite son particularisme en désignant les Églises réformées, anglicanes ou baptistes. Il est important de préciser que l'intention universelle de l'Église fondée par le Christ suppose dès 207 que l'*ecclesia* est « orthodoxe », ou conforme à la règle, alors que pour saint Augustin *catholicus* sert à opposer les chrétiens aux hérétiques (littéralement ceux qui ont emprunté une autre voie…), réunis en sectes comme les arianistes ou les donatistes.

L'Église se fragmente en 1054 lors du grand schisme d'Orient : les orthodoxes refusent l'ajout au Credo du mot *filioque*, signifiant que le Saint-Esprit procède du Père *et* du Fils comme d'un seul principe ; ils confessent que l'Esprit procède du Père seul... Cette divergence de théologie trinitaire est la cause principale de cette séparation. D'autres scissions viendront briser l'unité première, surtout celle de la Réforme, et donc de Luther puis Calvin. La Réforme n'est d'abord qu'une critique virulente de l'appareil et une dénonciation des indulgences. Elle se fonde sur la volonté de placer les Écritures saintes au cœur de sa vie. Le luthérianisme, qui exclut le culte des saints, la dévotion à Marie et la transsubstantiation, par exemple, connaît un essor considérable. Le protestantisme ne cessera de se diversifier : Église anglicane, presbytérienne, anabaptiste, piétiste, etc., transformant le christianisme en une nébuleuse privée d'unité, malgré un récent et patient travail de rapprochement entamé après Vatican II.

Pour ce qui concerne plus spécifiquement le catholicisme en France, son rôle et son influence ne cesseront d'être considérables, tant dans l'éducation, les missions, la culture, la philosophie et même de nombreuses mutations socioculturelles. Il suffit d'évoquer le christianisme social au XIXe siècle pour en saisir la portée. Cependant, l'Église fut également, et ce depuis les « libertins » du XVIIe siècle, c'est-à-dire les libres-penseurs, puis Voltaire et nombre de penseurs du XVIIIe siècle, l'objet d'attaques incessantes qui prendront plus encore d'importance avec l'émergence d'un athéisme combattant chez Proudhon ou Marx.

La volonté d'exclure l'Église du champ politique aboutira non sans violence à la séparation des Églises et de l'État en 1905. Et une culture antichrétienne virulente et profondément enracinée dans les mœurs deviendra une constante politique aux conséquences funestes. Depuis des décennies, et malgré les très nombreuses tentatives de conciliation et de rapprochement dues au Saint-Siège, malgré la volonté des Églises de se rapprocher et de cultiver le dialogue interreligieux, le rejet du catholicisme, osons le dire, par les médias et une partie de la gauche n'a fait que s'accentuer. Une bonne part de l'« élite » se nourrit de l'héritage anticlérical des Ferry, Clemenceau, Combes et consorts, et reproche avec virulence à l'Église notamment ses positions morales liées aux mœurs, pourtant fondées pour qui cherche à les comprendre, ce qui n'oblige pas à les partager : contraception (rejetée par l'encyclique *Humanae vitæ*), IVG, PMA, mariage dit pour tous, euthanasie, statut des divorcés, mariage des prêtres ou accès des femmes à la prêtrise, sans parler de l'hypocrisie sur les scandales de pédophilie qui entachèrent durablement la hiérarchie catholique. La liste des griefs semble interminable et rejette toute critique de ce que Jean-Paul II nommait la « culture de la mort », ou Benoît XVI la défense des valeurs humaines fondamentales, tant dans le domaine de l'éthique que de la politique.

De manière générale, il est fait peu de cas de l'action réelle de l'Église dans le monde – qui n'admire pas Mère Teresa ? –, tant sur le plan social que sanitaire, tant sur la défense des droits de l'homme que sur la condamnation de toute forme d'oppression ou de dictature, peu de cas du message d'amour, du respect de la vie et de la personne humaine, de l'attention due aux pauvres, aux déshérités, aux exclus, en ce compris les handicapés ou les prostituées, voire du rejet du capitalisme et de ses excès… Mais l'Église de France résiste, grâce à l'action continue de ses fidèles, bénévoles ou simples pratiquants, malgré parfois la prudence de ses représentants ecclésiastiques, ne perd jamais foi, confiance et espérance, et, bien qu'elle soit toujours plus banalisée au titre d'une religion comme une autre, elle ne cesse d'être la première religion de France.

Christianisme

Dans la France d'aujourd'hui, minée par le consumérisme, un athéisme grandissant, un individualisme forclos voire une suspicion générale à l'égard de toutes les religions et même de toute forme de religiosité, être chrétien est perçu comme une espèce de fantaisie, une lubie, pour le plaisir d'appartenir à une frange archaïque de la société. Ce jugement hâtif et caricatural, qui ne recouvre aucune réalité, reste très hexagonal. Le christianisme, cet ensemble de religions fondées sur l'enseignement du Christ (englobant le catholicisme, l'orthodoxie et les nombreuses formes de protestantisme, du luthérianisme aux mouvances évangéliques) constitue, en nombre de croyants, de loin la première religion du monde. Pourquoi un tel discrédit sensible dans tant de médias, de discours politiques, de déclarations ? Les raisons, aussi nombreuses qu'historiques, ne manquent pas.

Le catholicisme, tout d'abord, fut étroitement lié à la France de l'Ancien Régime. Depuis le baptême de Clovis, l'Église fut durablement une instance de pouvoir aussi bien politique que religieux, nombre de Premiers ministres étaient cardinaux, de Richelieu à Fleury en passant par Mazarin et Dubois. Et au fil des siècles, non sans soubresauts, l'absolutisme devint inséparable d'une religion d'État qui garantissait son emprise ; la société et les mœurs évoluant, la religion chrétienne connut des heures de gloire avant une déchristianisation qui frappa le XVIIIe siècle. Bref, en France le pouvoir semblait inexorablement lié à un catholicisme officiel. Son influence considérable est encore sensible en pleine Révolution française, puisque le projet de déclaration des droits qui a servi de base à la Déclaration des droits de l'homme et du citoyen de 1789 est l'œuvre de Mgr Champion de Cicé, ancien garde des Sceaux de Louis XVI, archevêque d'Aix puis de Bordeaux, qui insuffla dans ce texte fondateur nombre de principes chrétiens. Cela compense en quelque sorte le déchaînement de violence, assassinats et meurtres de masse d'une bonne partie du clergé français, à la suite notamment du refus de nombre d'entre eux d'adhérer à la Constitution civile du clergé. Ces tensions, ensuite, ne trouveront leur résolution qu'avec la séparation des Églises et de l'État en 1905, dans une atmosphère pour le moins électrique. L'Église, d'abord hostile, et restée monarchiste, ne tarda cependant pas à trouver cet ajustement favorable. Mais, malgré cette acceptation, de profondes racines anticléricales, héritées du déisme voltairien comme de la libre-pensée formalisée au XIXe siècle, continuaient de prospérer. La société, sous l'influence du marxisme comme du matérialisme ou de philosophies telles que l'existentialisme, continuait à se séculariser, procédant à un échange de valeurs ou de principes qui obéraient leur origine chrétienne plus que millénaire. Enfin, la montée du terrorisme islamique n'a fait qu'accentuer une réaction plus que défavorable à l'encontre de toutes les religions.

La référence chrétienne gêne… comme si elle contenait un risque, sinon une espèce de compromission.

Cette exclusion représente une forme moderne de « négationnisme », ou si l'on préfère une amnésie, car l'ensemble du Vieux Continent reste fortement imprégné par le legs et la richesse d'un christianisme qui a modelé toutes les strates de la société, tant sur le plan juridique que spirituel, ou même économique et artistique. Il suffit de citer par exemple la condamnation récurrente de la part des papes successifs des totalitarismes, du capitalisme sans visage humain, de toute espèce d'exploitation de l'homme par l'homme ou du pouvoir arbitraire, de l'accroissement des richesses au profit de quelques-uns sans juste redistribution aux plus pauvres… Malgré ces thèses explicites, la société contemporaine ne retient que des considérations morales, pourtant largement fondées, sur la valeur de la vie, les pratiques sexuelles et une orientation morale jugée archaïque. Et pourtant, pour ne citer qu'elle, la tolérance est un des pivots majeurs du christianisme moderne, tout comme le dialogue interreligieux ou la défense de la dignité humaine.

Les chrétiens sont considérés comme une minorité de plus, englobée dans la sphère du religieux, sans cesse vilipendée par une large partie de la classe politique et de la presse. La tendance est à l'athéisme triomphant, déshumanisé, égocentré. Pourtant, le message du Christ reste d'une actualité absolue, mais les moyens de le transmettre sans en altérer la puissance ne sont pas toujours adaptés à l'effervescence contemporaine. Ne reste aux chrétiens que leur attitude, la force de l'exemple pour convaincre. Cela suppose qu'ils soient en adéquation avec leur foi, libres, épris de gratuité, tournés vers l'autre, habités par la conviction que l'humain prévaut, que la dignité humaine est inaliénable, que la vie n'a pas de prix et qu'elle est sacrée, dès son commencement et jusqu'à sa fin naturelle. La grande force du christianisme, aussi paradoxal que cela paraisse, repose sur une vérité, tellement simple que trop souvent niée : il n'oblige personne à croire, il n'oblige à rien, il propose seulement. Chacun reste libre. Et pourtant, aucune religion ne fut autant critiquée.

Les chrétiens, même moins nombreux, même moins pratiquants, restent une force vive de la nation, leur action s'impose comme juste et bienveillante, ancrée dans une tradition qui aime se renouveler, qui cherche sans relâche à s'adapter aux évolutions comme aux crises. Ainsi, la force d'aimer s'oppose à la toute-puissance d'un matérialisme stérile qui ne sert qu'un ego déjà hypertrophié… Les chrétiens, mêmes blessés par les discordes internes à l'Église et des scandales qui ont éclaboussé sa hiérarchie et dont les médias se sont abreuvés jusqu'à plus soif, résistent, et c'est justement cette force de résistance qui manifeste leur tonicité comme la beauté de leur foi.

Dieu

En Italie, pour désigner le Créateur, les anciens affirmaient : « *Dio è l'altissimo* », le plus haut. Cette expression l'emporte sur les dictionnaires. Il est aisé de jongler avec les concepts et d'oublier que Dieu est le plus haut.

Toutefois, l'Académie française définit Dieu ainsi : « Dans les religions polythéistes (avec une minuscule) : puissance supérieure, dotée de fonctions ou d'attributs lui donnant pouvoir sur la nature et sur les destinées humaines. Dans les religions monothéistes (avec une majuscule) : puissance suprême, être transcendant et personnel, créateur de l'univers. En philosophie : principe spirituel de tous les êtres, transcendant et indépendant. Principe posé par la raison à titre explicatif, indépendamment d'une spéculation métaphysique. Par extension : puissance immanente à l'univers. »

Un absolu, donc, qui serait cause de tout. Accepter qu'il soit une entité reste mystérieux.

Le Dieu des chrétiens se définit par la Trinité – tandis que le Dieu de l'islam s'inscrit dans un monothéisme strict –, un seul Dieu en trois personnes. « Je suis celui qui est », dit-il à Moïse : *Je suis* (Père), *celui* (Fils) *qui est* (Saint-Esprit). La Trinité apparaît comme la construction, l'essence même, de l'amour divin. C'est bien là qu'est l'Incarnation célébrée à Noël : « Dieu s'est fait homme pour que l'homme devienne Dieu », soutient saint Irénée de Lyon. En créant l'homme à son image, Dieu fait de chacun son semblable. En réfléchissant sur la mort, saint Jean écrit dans la Première Épître (3, 1-2) : « Ce que nous serons ne paraît pas encore clairement. Nous le savons : lorsque le Fils de Dieu paraîtra, nous serons semblables à lui parce que nous le verrons tel qu'il est. »

Autant l'Ancien Testament exprime un Dieu vengeur, jaloux, voire dévastateur ; autant le Nouveau Testament montre un Dieu miséricordieux, paternel et juste. Car c'est bien le salut « pour tous » qui est universellement proposé. Quand de pauvres humains demandent à Jésus (Dieu fait homme) de se définir, il répond : « Je suis le chemin, la vérité et la vie. » Encore une réponse trinitaire qui n'est plus fixée comme « Je suis celui qui est », mais tout en mouvement : le chemin, la vie. Aucun Dieu ne semble plus clair pour laisser à chacun la liberté d'être, condition première de tout amour. C'est « le cœur brûlant » que les disciples d'Emmaüs l'écoutent sans le reconnaître. Car un Dieu d'amour ne s'impose pas. Cette fragilité l'emporte sur tous les discours théologiques et nécessite un souci constant, cette fidélité qu'on appelle la foi, un « saut méta-rationnel », selon Søren Kierkegaard.

Les spéculations de la raison paraissent alors comme une volonté de saisir l'insaisissable.

Dieu a fait couler beaucoup d'encre… et, malheureusement, beaucoup de sang. Si Dieu existe, s'il est le plus haut, s'il est cause de tout et but, la tentation d'instaurer une théocratie universelle existe parfois : elle préfigurerait l'au-delà. Les guerres dites de religion ont souvent été les plus radicales et les plus violentes, car les hommes y agissent au nom de la vérité, laquelle n'est pas négociable, et qui dans une théocratie serait la loi divine, la Charia ou le Talmud ou la morale chrétienne.

« Si Dieu n'existait pas, il faudrait l'inventer », écrivit Voltaire, qui usait de l'humour et de la provocation pour distiller sa pensée. Pourtant, il n'était pas athée, mais déiste, contrairement aux encyclopédistes auxquels il s'opposa farouchement. Il croit à « l'éternel géomètre », à « l'architecte du monde ». Pour preuve, il écrit dans *Les Cabales* : « L'univers m'embarrasse et je ne puis songer / Que cette horloge existe et n'ait pas d'horloger. » Cette citation, mille fois employée à mauvais escient, traduit pourtant la pensée du philosophe, pour qui la religion est nécessaire pour enseigner au peuple les règles de bonne conduite : « Je veux que mon procureur, mon tailleur, mes valets croient en Dieu ; et je m'imagine que j'en serai moins volé. »

Les grands mouvements athées, qui refusent Dieu, se sont déchaînés à partir du XIXe siècle, comme si Dieu imposait un ordre dont l'athéisme serait libérant : « Si

Dieu n'existe pas, alors tout est permis », pour paraphraser un personnage de Dostoïevski dans *Les Frères Karamazov*. Comme si le libre arbitre devait s'affranchir d'un Dieu encombrant. Là encore, la méconnaissance l'emporte : pourquoi vouloir se séparer d'une cause première, bien antérieure au big bang, d'une source de conduite ou même d'un amour qui se renouvelle et nous « ressuscite » ?

Comment peut-on nier la question la plus fondamentale de la nature humaine : pourquoi y a-t-il quelque chose plutôt que rien ?

Islam

Écrit avec une minuscule, le mot désigne la religion musulmane ; avec une capitale, il fait référence à la civilisation islamique. Ce monothéisme, le dernier en date après le judaïsme et le christianisme, s'appuie sur le Coran, livre sacré, qui signifie d'abord « récitation, prédication, lecture », et qui s'adressait originellement à une société orale. Puis, il désigna le livre où était transcrit le message divin « descendu » sur le prophète Mahomet (alors âgé de quarante ans) par l'intermédiaire de l'archange Gabriel, pendant vingt ans, à partir de 610 de notre ère (d'abord à La Mecque puis à Médine), et dicté en « pur arabe » par Dieu lui-même. Il est divisé en cent quatorze chapitres ou sourates, de deux lignes à soixante pages, et chacune porte un nom. Pour les musulmans, le Coran est « inimitable » ; il est la parole de Dieu.

Les musulmans se divisent en dizaines de sectes (sans sens péjoratif), les deux plus importantes étant le sunnisme (85 à 90 % des croyants) et le chiisme (10 à

15 % des croyants). Les sunnites représentent les héritiers de la première communauté et incarnent l'orthodoxie musulmane au sein d'une tradition (la Sunna) à la fois religieuse et doctrinale ; en conséquence l'islam souvent se confond avec le sunnisme, majoritaire. Les chiites proviennent d'un schisme provoqué par ceux qui, à la mort de Mahomet, considéraient que les successeurs de la mission prophétique devaient, pour les uns, être choisis parmi sa famille ou dans son entourage le plus proche et, pour les autres, parmi les plus méritants ou éclairés.

D'un point de vue dogmatique, il n'existe pas de réelles différences entre chaque courant, si ce n'est un niveau d'interprétation de la loi et des coutumes. Le sunnisme comporte quatre écoles juridiques de même statut qui portent le nom de leur fondateur : malikisme, hanafisme, chaféisme, hanbalisme (ou traditionalisme), chacune interprétant le droit à sa manière dans un champ d'application géographique précis. Parallèlement à ces écoles juridiques, différentes écoles théologiques se constituent durant les premiers siècles de l'islam : le traditionalisme (respect littéral des textes), le mutazilisme (islam rationnel), le maturidisme (proche du précédent), l'acharisme (néotraditionnel) et le réformisme, ou tendance moderne également désignée comme salafisme. Le chiisme est beaucoup moins divisé. Il se présente sous trois grandes tendances : le chiisme duodécimain, le chiisme septimain, dit aussi ismaélien, et les zaïdites. Les chiites se répartissent en Irak, en Syrie, en Iran, en Azerbaïdjan, au Pakistan, en Inde, en Turquie, à Bahreïn et au Liban.

L'islam est majoritairement sunnite acharite. Le salafisme, né en Égypte au XVIIIe siècle, souvent associé à un islam radical, aspire à revenir à l'islam du premier âge et à la foi des ancêtres (*salaf*). Il regroupe divers mouvements, dont certains réclament le retour du califat alors que d'autres prônent un islam de tolérance et d'ouverture.

Cette brève et parcellaire approche permet de mieux comprendre qu'en fait l'islam est un ensemble souvent hétérogène de mouvements, de traditions, d'écoles qui ne se rassemblent qu'autour du Coran lui-même et des cinq « piliers de la religion » ou « devoirs religieux obligatoires » : la profession de foi, la prière rituelle, le jeûne du mois de ramadan, l'aumône légale et le pèlerinage à La Mecque. Et c'est compter sans le soufisme qui est une approche mystique de l'islam.

L'islam est aujourd'hui la seconde religion en France après le christianisme et, ces dernières années, pour des raisons éminemment politiques, notamment dues au terrorisme dit « islamiste », il est devenu un sujet délicat, pour ne pas dire épineux : l'islam dit « politique » représente dans les mentalités, ainsi que dans la réalité, une forme violente et radicale d'un islam dévoyé.

« Islamisme » a ainsi changé de sens pour passer de l'étude de la civilisation musulmane par les historiens, juristes, philologues et orientalistes à l'extrémisme religieux et politique de certains groupes de musulmans dits fondamentalistes. Une collusion s'est opérée à la suite du traumatisme né d'attentats meurtriers et barbares opérés sur le territoire national par des groupuscules se revendiquant de formations autoritaires et guerrières qui se réclament d'un islam « authentique », telles que Al-Qaïda ou l'État islamique. Derrière la grande majorité des terroristes islamistes sunnites (salafistes) poursuivant officiellement un but d'hégémonie religieuse, n'y aurait-il pas également un but politique et économique ? La plupart d'entre eux n'ont aucune formation religieuse ou très superficielle…

L'islam, par la voix de ses représentants, peine à faire clairement la part des choses, alors même que les dérives ajoutées au climat de terreur dévoient l'islam dit « modéré », c'est-à-dire le plus répandu. Les forces politiques s'emparent évidemment du sujet au point que certains ne jugent pas, tel Éric Zemmour, l'islam compatible avec les « valeurs de la République et de la démocratie ». Les partis trouvent là un moyen de se déchirer en prenant pour prétexte la laïcité, le port du voile, la viande hallal ou tout autre sujet de discorde. L'islam devient une occasion non de débat, mais de clivage. Et sans doute revient-il aux musulmans de France de faire bloc pour dissiper les malentendus et réaffirmer leur attachement aux principes de la République française et au droit de pouvoir vivre paisiblement leur foi, notamment s'agissant de l'apostasic. Rémi Brague, dans une tribune au FigaroVox d'août 2016, ne dit pas autre chose : « Un vaste examen de conscience est à l'œuvre chez bien des musulmans, en réaction aux horreurs de l'État islamique. » Examen de conscience qui n'a cependant pas encore porté ses fruits.

Judaïsme

Le mot a d'abord désigné la terre des Juifs et, à partir du début du XIIIe siècle, leur religion puis la culture et la civilisation juive. Il intégrera enfin la notion de communauté juive et de sentiment d'appartenance à celle-ci, sens qui se confond avec judaïcité, « fait d'être juif », ou judéité, de formation tardive (1962). Georges Vajda, dans l'*Encyclopædia Universalis*, le définit comme « une forme de vie religieuse dont la caractéristique essentielle est la croyance en un Être suprême (et transcendant : YHWH, Élohim ou Adonaï, “mon Seigneur”), auteur – de quelque manière que l’on conçoive son action – de l’univers qu’il gouverne par sa providence ». Mais il est aussi la religion des Juifs, une théologie, un ensemble de lois et de traditions culturelles, de pratiques, de croyances, de rituels, de valeurs, constitutifs du peuple juif…

Dans son acception commune, le judaïsme révère YHWH, Yahvé, comme l’Autorité suprême, au moyen de l’interprétation et du respect de la Torah, sa loi, révélée à Moïse sur le mont Sinaï. Selon la tradition, la Torah est composée des cinq premiers livres de la Bible, donc de l’Ancien Testament, et contient la Genèse, l’Exode, le Lévitique, les Nombres et le Deutéronome, plus l’ensemble des enseignements qui en découle. Le christianisme appelle Pentateuque ces « Cinq livres » et les reconnaît comme partie intégrante des Écritures canoniques, sans admettre les préceptes rituels dont les six cent treize commandements qui régissent le quotidien du croyant juif.

Jésus de Nazareth est un juif pratiquant, un rabbi, un maître – ce qu’il demeure pour nombre d’écoles rabbiniques –, mais il est d’abord, pour un chrétien, comme l’écrit saint Matthieu (5, 17-20), celui qui est l’accomplissement de la Loi et donc de la Torah : « N’allez pas croire que je sois venu abolir la Loi ou les Prophètes : je ne suis pas venu abolir mais accomplir. Car je vous le dis, en vérité : avant que ne passent le ciel et la terre, pas un *i*, pas un point sur l’*i*, ne passera de la Loi, que tout ne soit réalisé. » À partir de cette parole, la Loi renouvelée devient objet d’une observance intériorisée et d’une interprétation allégorique sensible par exemple dans la Première épître aux Corinthiens de saint Paul. Notons au passage que la Torah est aussi reconnue par l'islam, selon lequel elle aurait cependant été « falsifiée ».

Quoi qu'il en soit, la révélation du Dieu unique fonde le premier monothéisme et marque par conséquent à jamais le christianisme comme l'islam. En contractant une alliance avec un peuple « élu », avec les pères de ce peuple, Dieu prend ce peuple « comme un trésor entre tous » les autres, dans la mesure où les enfants d'Israël respectent sa Loi. Or cette Loi n'est pas seulement un ensemble de préceptes ou une composante culturelle, mais possède une dimension éthique, des aspects civils, matrimoniaux, législatifs, cultuels, et suppose une manière de se comporter, se vêtir, se nourrir, se mouvoir. Son interprétation n'a jamais été unifiée et a donné naissance à une myriade d'écoles, de traditions, où la parole de Dieu est sans cesse « renouvelée » au fil de son étude et des générations. La Torah fut en somme le ciment d'un peuple, d'une communauté dispersée géographiquement par les vicissitudes de l'histoire.

L'expansion du christianisme s'opéra au détriment du peuple juif, d'abord par un antijudaïsme, réel ou supposé, porté par les Pères de l'Église grecque et latine – rejetant sur les Juifs la responsabilité de la mort du Christ –, qui, pour certains, se transforma à la fin du Moyen Âge en antisémitisme dans sa version moderne, et donna plus tard naissance à des persécutions et autres pogroms dans la quasi-totalité de l'Europe, jusqu'en Russie… Le judaïsme, qui ne vise nullement à l'universalité, mais à l'observance de la Loi par un peuple spécifique, devint la cible, le bouc émissaire, disait René Girard, des cultures chrétiennes devenues dominantes. Outre quelques édits de tolérance, dont un de Louis XVI, et une lente et permanente intégration et assimilation dans toutes les couches de la société (Montaigne était un marrane, c'est-à-dire un juif converti au christianisme), le judaïsme ne cessa de développer à son corps défendant un antisémitisme parfois hystérique, aussi bien chez les intellectuels comme Renan ou les théoriciens de la Commune de Paris que dans les milieux modestes de la société, parfois d'ailleurs alimenté par des chrétiens, du moins jusqu'à Pie XI qui, à la veille de la Seconde Guerre mondiale déclarait : « Nous sommes tous spirituellement sémites », pour contrer les thèses nazies en plein essor. Entre l'affaire Dreyfus et la Shoah, il devint, sauf exception, un terreau à la forme la plus perverse du racisme primaire. Il a fallu attendre les bouleversements consécutifs à la découverte de l'extermination de tout un peuple pour que changent enfin les mentalités, après force repentance.

Aujourd'hui, le judaïsme s'affirme encore comme la religion certes la plus minoritaire en nombre, mais celle aussi de qui procéda le christianisme et l'islam dans la reconnaissance du Dieu unique. Il est en somme la racine première, et chacun doit en cela lui manifester un profond respect.

Laïcité

La religion est autant la philosophie du salut que la dynamique du partage qui rassemble les hommes. Elle était au fondement de la société au point de sacrer son chef, le roi. La conversion de Clovis Ier, roi des Francs, son baptême et son sacre à Reims le jour de Noël 486, scellé par l'évêque saint Rémi, marquait l'indissolubilité du politique et du religieux, faisant ainsi de la France « la fille aînée de l'Église ». Il ne s'agissait pas tant de l'union de deux forces, politique et religieuse, mais de cohésion : le pouvoir vient de Dieu et son dépositaire, le roi, se tient au service de Dieu.

La Révolution française, mille trois cents ans après cet événement majeur pour l'histoire de France, en décapitant le roi Louis XVI, en confiant le pouvoir à l'Assemblée constituante, gommait le nom de Dieu et détruisait la religion catholique, poursuivant le clergé pour le soumettre ou l'étouffer. Il ne s'agissait pas de laïcité, mais d'imposer un État athée, qui substituait l'Être suprême à Dieu.

Religion et politique ne font pas forcément bon ménage. Lorsque Jésus-Christ dit qu'il faut « laisser à César ce qui est à César et à Dieu ce qui est à Dieu » (Matthieu 22, 21), il semble séparer le temporel du spirituel et « inventer » la laïcité. Mais ce mot sera créé au XIXe siècle. Pour l'Académie française, il s'agit du « caractère de neutralité religieuse, d'indépendance à l'égard de toutes Églises et confessions ».

La loi de séparation des Églises et de l'État, promulguée en décembre 1905, dite aujourd'hui « loi sur la laïcité », a déchaîné en son temps des violences inouïes dans le pays et au-delà. Fermement condamnée par le pape Pie X, elle a occasionné l'expulsion des religieux et des religieuses, souvent sans ménagement, de leur monastère, voire de France. La préparation de la loi ne fut pas paisible, l'idéologie anticléricale d'Émile Combes, ancien théologien, n'ayant pas de limites : interdiction des associations confessionnelles en 1901, fermeture de trois mille établissements scolaires non autorisés sans compensation pour les salariés en 1902, rejet des demandes d'autorisation des congrégations, expulsions violentes de France de religieux en 1903, interdiction de tout enseignement aux congrégations, même autorisées, qui doivent s'exiler ou se laïciser en 1904, loi de séparation des Églises et de l'État en 1905. Combes devra démissionner avant la promulgation de la loi, en raison de l'immense scandale au fichage politique et religieux dans l'armée.

Le général de Gaulle, homme de bon sens, déclara en 1959 à un journaliste américain : « Pour moi, l'histoire de France commence avec Clovis, choisi comme roi de France par la tribu des Francs, qui donnèrent leur nom à la France, premier roi à être baptisé chrétien. Mon pays est un pays chrétien et je commence à compter l'histoire de France à partir de l'accession d'un roi chrétien qui porte le nom des Francs. » De même qu'il disait : « La République est laïque, la France est chrétienne. » Mais il n'en demeure pas moins que la relation du politique et du religieux reste délicate, même si elle s'est apaisée au milieu du XXe siècle. On reconnaissait tacitement que les deux grands régimes athées, le nazisme et le communisme, avaient coûté bien trop de morts à la religion juive comme à la chrétienne. La déferlante progressiste américaine de l'après-guerre rappelait que le président des États-Unis jure sur la Bible son attachement à la Constitution de son pays. Il y a aussi que l'Église a été, dans ces années-là en France, un formidable moyen d'intégration pour les populations d'immigrés venant d'Italie, du Portugal ou d'Espagne.

Au début du premier mandat présidentiel de François Mitterrand, la relance de la guerre scolaire, visant à étouffer l'enseignement privé et conventionnel, a ravivé les douleurs et les incompréhensions. La laïcité, qui devait permettre à chacun de vivre sa foi et de suivre son chemin spirituel, avec bienveillance, reste le champ de bataille entre francs-maçons, libres-penseurs attachés aux « valeurs de gauche », anticléricaux, d'une part et religieux et fidèles considérés à tort comme des bourgeois de droite ou des aristos traditionalistes d'autre part. La laïcité a viré au laïcisme avec l'émergence d'une religion d'État. De fait, la laïcité s'est muée en religion de la République : Marianne y a pris la place de la Vierge Marie.

En 2004, Jacques Chirac fait rayer « les racines chrétiennes de l'Europe » du préambule de la Constitution de l'Europe, ne voulant pas que la chrétienté domine le judaïsme et l'islam européens. Il imposait ainsi à tous les États membres une laïcité à la française que personne ne comprenait. Une façon aussi d'écarter le religieux sur l'ensemble du continent, de l'enfermer dans la sphère la plus privée et étroite qui soit.

Seulement voilà, ces combats sont d'arrière-garde face à une menace de division plus puissante, plus organisée : l'islam radical. À la différence de l'Église qui intégra les immigrés catholiques au sein de la société française, le radicalisme islamique – à distinguer en général des musulmans – se veut hégémonique en vue de déstabiliser l'État. C'est à un nouvel affrontement du religieux et du politique auquel Emmanuel Macron entend opposer une loi « contre les séparatismes » destinée à renforcer les principes républicains. Il n'empêche que dans le débat, toutes les religions y perdent.

La laïcité telle qu'elle s'exerce tombe dans plusieurs travers. En voulant régir toutes les religions de la même manière, elle gomme leurs différences, leurs organisations et le lien historique entre le peuple et la religion. Il suffit de regarder les paysages de France ponctués de clochers et de calvaires pour comprendre que l'Église y est naturellement inscrite. La laïcité apparaît comme une sacro-sainte valeur républicaine qui nie la dimension spirituelle de l'homme venant compléter sa réalité matérielle, oublie la pensée de Pascal selon laquelle « l'homme passe infiniment l'homme », ne l'autorisant qu'à philosopher et non plus à croire et à prier. Comment la foi en Dieu ne serait-elle pas partagée ? Et l'Église ne pêche-t-elle pas en se repliant sur le culte, en se soustrayant au terrain dans l'annonce de l'Évangile ? Comme si la laïcité l'avait rendue frileuse. Ne serait-il pas temps et urgent de repenser paisiblement la laïcité ?

Religion

Étymologiquement, le mot « religion » viendrait du latin *relegere*, signifiant « relire » et de *religare* signifiant « relier ». Le *Dictionnaire de l'Académie française* parle d'un « ensemble de relations qu'établissent et entretiennent les individus avec des forces ou des êtres auxquels ils attribuent une réalité surnaturelle et un caractère sacré ». Par extension : « Système de croyances et de pratiques spirituelles propres à une communauté dont les membres partagent la même foi ». Ce même dictionnaire précise que le terme « désignait naguère le catholicisme, la foi catholique, par opposition aux croyances de ceux qui, ne reconnaissant pas la foi de l'Église, étaient jugés hérétiques, infidèles, ou par opposition à l'athéisme, ou au libertinage au sens classique du terme ». De même, « avec une majuscule, [il] a parfois désigné le protestantisme ». Ce mot est donc bien plus complexe qu'on le pense, eu égard à ses origines, ses multiples significations et mises en pratique, ainsi que l'expose Rémi Brague dans *Sur la religion*[1].

Pour faire simple, la religion est la science du salut, qu'il soit individuel ou collectif. Elle organise la vie selon ses rites, ses sacrements, son culte, ses points de repère temporels que sont les fêtes, son service à Dieu. Il ne peut y avoir de religions sans Dieu – ce serait du dogmatisme –, comme il ne peut y avoir de Dieu sans religions – ce serait du panthéisme.

Si Dieu est Père, ses créatures, les hommes, sont tous frères. Voilà qui rassemble et devrait clore tout chapitre de guerre. Alors, le regard de l'homme s'élève et contemple. L'humain est le seul mammifère à croire en Dieu, parce qu'il a été créé à l'image de son créateur.

Deux aspects de la religion vont peu à peu rebuter les hommes : la vérité et la morale. Si Dieu est vérité, l'homme croit y perdre sa liberté, car ses pensées se font errances. D'autre part, la morale qui découle de cette vérité organise la vie jusque dans son intimité ; autre perte apparente de liberté.

Le culte de la liberté et du libre arbitre prévaut désormais par un manque d'éducation à la foi, par l'abandon des exercices spirituels, par l'idée que si Dieu n'existe pas tout est permis, phrase de Dostoïevski qui, sortie de son contexte, sonne comme un slogan soixante-huitard : « Il est interdit d'interdire. » Comme si la religion relevait d'une suite d'interdits. Or, la religion construit la fraternité entre les hommes, participe à la beauté du monde, implique que nous prenions soin de toutes créatures, qu'elles soient animales ou végétales. Surtout, elle suppose la liberté de croire, d'adhérer et *in fine* n'oblige à rien.

1. Flammarion, 2018.

Revenons à Dostoïevski. Dans *Les Frères Karamazov*, il déroule une intrigue, sur fond de parricide, lui offrant l'opportunité de se poser de brûlantes questions morales et religieuses, illustrées par la célèbre réplique : « Mais si Dieu n'existe pas, alors tout est permis. » En réalité, Dostoïevski fait dire à Aliocha, le plus jeune des trois frères Karamazov : « Mais alors, que deviendra l'homme, sans Dieu et sans immortalité ? Tout est permis, par conséquent, tout est licite ? » À travers son personnage, l'auteur, tout entier dans son œuvre, s'interroge : pourquoi souffre-t-on dans le monde, alors que Dieu est supposé aimant ? Ce doute dans l'existence même de Dieu se retrouve dans *Crime et Châtiment*. « Maintenant supposons qu'il n'y a pas de Dieu ni immortalité de l'âme, écrivit Dostoïevski à un de ses correspondants. Maintenant, dites-moi, pourquoi devrais-je vivre avec droiture et faire de bonnes actions, si je vais mourir entièrement sur Terre ? Et si c'est le cas, pourquoi ne devrais-je pas (tant que je peux compter sur mon intelligence et l'agilité pour éviter les êtres pris par la loi) couper la gorge d'un autre homme, voler... » Partant de ce questionnement, l'écrivain russe met en scène le personnage de Raskolnikov, qui assassine deux femmes. Si, en effet, il est un être supérieur, rien ne lui interdit de prendre la vie de ceux qu'il considère comme non essentiels. Dans un premier temps, Raskolnikov, faisant fi de la distinction entre le bien et le mal, étouffe sa conscience morale, poursuivant sa vie comme si de rien n'était, se persuadant qu'il est un surhomme. Mais, lorsque Sonia lui rappelle son acte terrible et sa culpabilité, il bascule et a besoin du pardon. Dostoïevski use de ce prétexte narratif pour mettre à mal la théorie du surhomme, moyen d'affirmer que ceux qui provoquent la souffrance sont condamnés tant qu'ils ne reconnaissent pas la lumière du christianisme.

Selon le psychologue américain Michael McCullough, la pratique d'une religion, quelle qu'elle soit, aurait également pour effet de prolonger la longévité ! Par rapport aux non-croyants, les pratiquants bénéficieraient de 25 % d'espérance de vie supplémentaire. Il y aurait une explication à cela, rappellent Roy F. Baumeister et John Tierney : « Quand on est croyant, on a moins tendance que les autres à acquérir de mauvaises habitudes, à avoir un comportement à risque (sexuel, drogue), et on a plutôt tendance à prendre des vitamines, à s'imposer des jeûnes bénéfiques, à consulter un médecin. Mais, surtout, on bénéficie d'un meilleur soutien de son entourage. Les religions encouragent le lien social, les valeurs familiales et elles diminuent l'intensité des conflits intérieurs. Elles augmentent également le souci du regard de l'autre, de la congrégation[1]. »

Pourquoi l'Occident ne serait-il pas en mesure de retrouver le goût du sacré et le sens du religieux si nécessaire à son âme et à ce qui l'anime ? Mais cela nécessite l'humilité de la question : « Et si c'était vrai ? »

Vérité

« Qu'est-ce que la vérité ? » demande Ponce Pilate à Jésus (Jean 18, 38), qui vient de déclarer : « Tu le dis, je suis roi. Si je suis né et si je suis venu dans le monde, c'est pour rendre témoignage à la vérité. Toute personne qui est de la Vérité écoute ma voix. » Pilate,

1. *Le Pouvoir de la volonté : la nouvelle science du self-control*, Markus Haller, coll. « Condition humaine », 2014.

en bon stoïcien, ne pouvait rien comprendre à ce discours, car pour lui, la vérité, *veritas*, est ce qui vrai, la réalité, mais aussi les règles, la droiture. Il n'imagine pas un instant que ce condamné juif en piteux état, non seulement soit roi, mais qu'il puisse prétendre rendre témoignage à la réalité, et en quoi ? Et moins encore que la Vérité puisse être une personne et que cette personne soit Dieu !

D'emblée, deux approches s'opposent : l'une comprend la vérité comme une pensée ou une opinion conforme au réel où l'idée se confond avec son objet, où le récit est conforme aux faits, à ce que l'on dit, à ce que l'on pense ; et pour l'autre, la vérité est inséparable de la véracité d'un témoignage. Mais la confusion, ou si l'on préfère la diversité des occurrences et des conceptions, ne s'arrête pas là – et de loin. Le procédé qui consiste à reconnaître la vérité comme un bien de l'esprit bientôt confondu avec un corpus de règles, de lois, voire de préceptes appartient à ce que l'on nomme la vérité révélée, sous-entendue révélée par Dieu et qui, dans cette perspective, rend valide la parole du Christ (« La vérité vous rendra libre », Jean 8, 32), dans la mesure où nos actes seront conformes aux dites paroles de vérité, lequel poursuivra : « Je suis le chemin, la vérité et la vie. » (Jean 14, 6)

Pour saisir l'ampleur des nuances liées à la définition de la vérité, il suffit de lire l'entrée « vérité » selon Littré : « Qualité par laquelle les choses apparaissent telles qu'elles sont. Chose vraie. Opinion conforme à ce qui est, par opposition à erreur. Sincérité, bonne foi. Réalité. Caractère propre en parlant d'une figure, d'une forme, etc. » Un mot pour presque trop de sens.

La vérité chez Platon, qui affirme que « personne n'est plus détesté que celui qui dit la vérité », et pour qui la vérité est inséparable de l'être et des « idées pures », n'est pas la vérité des Évangiles pour qui Dieu est vérité. Pour Nietzsche, la vérité s'enracine dans l'existence, pour Descartes dans la raison et la méthode, pour Hegel dans l'histoire et l'Esprit, pour Freud dans l'inconscient. La liste est sans fin. Dans la logique contemporaine, la vérité formelle s'oppose à la vérité matérielle : d'un côté un énoncé démontrable, possédant une cohérence logique indépendamment de toute analyse de son contenu (comme dans les mathématiques) ; de l'autre, un énoncé dont les termes correspondent aux phénomènes expérimentaux dont on veut rendre compte (comme dans les sciences expérimentales ou sociales), ce qui conduit à déduire que dès lors, toute vérité expérimentale est nécessairement temporaire.

Mais cette vérité-là, depuis le XVIIIe siècle, a pris ses distances avec Dieu et la vérité révélée. Pas étonnant que deux mondes se cherchent sans jamais plus se trouver : celui de la science et celui de la philosophie ou de la théologie. Nul ne remet en doute la vérité des mathématiques ou de la logique, mais chacun peut douter de la vérité d'une foi. Plus encore, la vérité telle que nous l'entendons désormais est une conquête permanente sur l'erreur ou l'approximation. La lumière de la vérité, joie pour l'esprit, semble s'être perdue dans les limbes du relativisme ou d'une approche strictement matérielle et désincarnée. Et cependant, qui ne la désire pas ? Qui ne pourrait faire sienne la devise de Rousseau : « *Vitam impendere vero* », consacrer sa vie à la vérité ?

Reste à savoir de quelle vérité l'on parle, dès lors que chacun à la sienne ! La vérité des uns n'est pas toujours celle des autres, même si chacun a raison !

Ainsi, dire que le ciel est bleu, un jour de beau temps, est une vérité, certes ; mais de quel bleu parle-t-on ? Indigo, ciel, marine, roi, cobalt, pastel ? Ce ciel bleu dans l'hémisphère nord, l'est-il également dans l'hémisphère sud en cet instant précis ? Sûrement pas !

Au fond, la question est : de quelle vérité avons-nous le plus besoin ? Quelle vérité est à même de nous satisfaire ? Non pas tant *la* vérité, posée comme un postulat éternel que nous avons autant de peine à trouver qu'à définir, mais la vérité à la mesure de notre humanité, de notre intelligence, de nos capacités. Nous avons tous en mémoire la célèbre « pensée » de Pascal : « Vérité en deçà des Pyrénées, erreur au-delà. » La vérité serait donc fonction de la perception des individus, de la connaissance et de l'utilisation des mots justes, et, au-delà, de la culture, de l'éducation, des mentalités, de l'histoire de chacun, de la géographie, etc.

Un tableau en trompe-l'œil propose plusieurs vérités. L'ombre d'un cylindre, éclairé de face ou de profil, se révélera être un rectangle pour les uns et un cercle pour les autres, en fonction de l'angle où ils se trouvent. Et c'est pourtant le même objet qui s'offre au regard sous deux « vérités » différentes.

Si la vérité peut être parfois plurielle ou relative, sa quête, même longue et difficile, devrait cependant animer le cœur et la conscience de tout homme et de toute femme. Cette quête ne donnerait-elle pas d'ailleurs davantage de sens à notre vie ?

Épilogue

Si cet ouvrage a permis à quelques-uns de mesurer l'importance des mots et leur impact sur la pensée notamment politique, il aura déjà atteint son but.

Pour retrouver une pensée politique véritable, il faut d'abord redonner aux mots leur vrai sens, les passer au crible de la raison pour s'assurer que le sens invoqué n'est pas déconnecté de la réalité et ainsi s'opposer à la pensée stéréotypée, à la doxa de notre société.

Est-ce suffisant ? Hélas non ! Aussi puissants soient-ils, les mots ne seront jamais que des mots. Au cœur de la crise de notre système politique actuel, la crise des actes est infiniment plus dévastatrice que celle des paroles. Si gouverner, c'est communiquer, c'est aussi et avant tout agir.

Mais, il faut bien commencer. Avec les mots.

Au commencement était le verbe.

Table

Deuxième partie

LA SOCIÉTÉ ET LES RELATIONS HUMAINES

Troisième partie
LE RAPPORT À DIEU

Remerciements

Je tiens à remercier tous ceux qui m'ont aidé pour la conception et la rédaction de cet ouvrage et, en particulier, Axel Nosten, Jean-Baptiste Giraud et Joseph Vebret, qui ont bien voulu le relire avant son impression.

Cet ouvrage a été composé
par Facompo
à Montrouge (Hauts-de-Seine)

Impression réalisée par

NORMANDIE ROTO IMPRESSION S.A.S.
à Lonrai (Orne)

en mai 2021
pour le compte des Éditions de l'Archipel,
département éditorial de la S.A.S. Écriture-Communication

Imprimé en France
N° d'impression : 2102061
Dépôt légal : juin 2021